KB173569

# 장애와 미디어

DISABILITY & THE MEDIA

First published in English under the title Disability and the Media by Katie Ellis and
Gerard Goggin, edition: 1 Copyright © Katie Ellis and Gerard Goggin, 2015 *
This edition has been translated and published under licence from Springer Nature Limited.
Springer Nature Limited takes no responsibility and shall not be made liable for the accuracy of
the translation.

Korean edition copyright © Woorinabi Publishing Co., 2020
This Korean edition was published by arrangement with Springer Nautre Limited through
HAN Agency Co.

이 책의 한국어판 저작권은 한에이전시를 통해 저작권자와의 독점계약으로 우리나비에 있습니다.
저작권법에 의해 한국 내에서 보호를 받는 저작물이므로 무단 전재와 무단 복제를 금합니다.

방송문화진흥총서 203

# 장애와 미디어

## DISABILITY & THE MEDIA

케이티 엘리스, 제라드 고긴 지음 | 우형진, 우충완 옮김

우리나비

# 역자 서문

요즘 대중 미디어에서 장애(인)와 관련된 이슈가 빈번하게 등장한다. 역경을 극복하는 장애인, 장애 가족 이야기, 지체 장애 국회의원 후보와 지적 장애 자녀를 둔 국회의원 등 모두 미디어를 통해 일반 대중 사이에서 화제가 된 장애 인물과 이슈이다. 장애에 대한 언급조차 어려웠던 과거와 비교해 보면 장애(인)의 빈번한 등장 자체는 환영할 만하다. 대중 미디어에서 표출되는 장애의 양적 증가가 부분적으로나마 장애인의 권리 신장과 사회적 통합을 반영하기 때문이다. 그러나 질적인 면에서 대중 미디어 속 장애인을 어떻게 평가할 수 있을까? 미디어가 재현하는 장애(인)는 무엇을 말하고, 이들의 이야기가 미디어를 포함한 우리 사회 제도 및 기관에 시사하는 바는 무엇일까?

호주 출신 미디어 장애학자 케이티 엘리스(Katie Ellis)와 제라드 고긴(Gerard Goggin)의 2015년도 공동 저서 《장애와 미디어(Disability and the Media)》는 장애인 당사자 입장에서 미디어 장애 재현과 산업 구조 전반을 심층적으로 다루었다. 비록 이 책이 미국과 호주 등 서구 국가들의 미디어와 장애를 주로 언급하고 있지만, 장애와 미디어란 소재가 보편적인 성격이 강하고 관련 연구와 실천이 이들 국가에서 먼저 실행되었다는 점을 감안할 때, 후발 주자 격인 우리에게 주는 함의는 크다고 할 수 있다. 이 책은 미디어 연구(media studies)와 장애학(disability studies)의 관점을 빌려, 미디어와 장애를 둘러싼 관계 및 역할, 장애 재현 역사, 장애인의 미디어 수용 및 변용, 미디어 산업 현장에서 장애인의 위치와 영향력, 장애인의 미디어 참여 정치를 포함한 다양한 이슈를 풍부한 사례와 해석을 담아 읽어 내었다. 학술적 희소 가치뿐만 아니라 가독성도 높아 미디어와 장애에 관심이 있는 독자를 위한 개론서와 교양 도서로서도 적합하다.

장애를 직간접적으로 경험하는 장애인 가족(제1역자)과 장애인 당사자(제2역자)로 구성된 공역자 2인은 오래전부터 미디어와 장애 재현의 중요성을 자각해 왔다. 왜냐하면 미디어가 장애인 및 관계자들의 삶에 지대한 영향을 미치기 때문이다. 더구나 실생활 속에서 장애인과 유의미한 상호작용을 하는 경우가 극히 적어 장애에 관한 지식과 정보를 대부분 미디어에서 얻는 것이 우리 현실이다. 이에 반해 미디어가 부정적인 고정 관념과 프레임을 확대 재생산한다는 사실은 이 책 번역의 필요성과 당위성을 다시 한번 환기시킨다. 이 책 번역과 함께 미디어와 장애에 관한 유용한 지식이 전파되고 관련 정보의 부족이 조금이라도 해소되어 장애 인식 개선 및 전환에 기여하길 바란다.

번역 작업에 많은 분들이 도움을 주셨다. 우선, 이 번역서는 방송문화진흥회의 2019년 번역지원사업에 선정되어 지원을 받았다. 방송문화진흥회에 깊은 감사를 드린다. 번역하는 과정에 제2역자를 도와준 활동지원사 조용성과 장성호 선생께 감사드린다. 또한 이 책이 출간되기까지 모든 과정을 맡아 준 출판사 '우리나비' 한소원 대표께도 깊은 감사를 전한다. 마지막으로 이 책을 번역하는 기간 동안 아버지께서 소천하셨다. 두 아들을 너무 좋아한 아버지 영전에 이 역서를 바친다.

2020년 3월

우형진 · 우충완

# 목차

# 감사의 글

우리(제1저자, 제2저자)는 본서와 관련한 연구와 글쓰기 작업에 있어 역동적인 학문 분야인 장애학에 헌신하는 동료 학자들의 창의성과 관대함에 크게 빚진 바 있다.

특히, 우리는 독특함, 탁월함, 공감력과 열정을 모두 갖춘 장애/미디어 학자 겸 윤리주의자이자 활동가였던 고 크리스토퍼 뉴웰(Christopher Newell) 교수에게 이 책을 헌정한다. 정의와 선한 삶을 위한 투사였던 뉴웰의 말과 본보기는 본서의 한 줄 한 줄마다 큰 영향을 끼쳤다.

본서에 두 번째로 큰 영향을 준 은인은 미디어와 장애 연구 분야 조성에 선구적인 역할을 한 저명한 학자 베스 홀러(Beth Haller) 교수다. 홀러는 친절하게도 본서의 여러 장을 읽고 중요한 피드백을 제공했다.

우리는 시리즈 편집자 앤드류 크리셀(Andrew Crisell)에게 이 책의 콘셉트에 대한 즉각적인 지원과 날카로운 논평에 감사한다. 특히, 그가 본서의 원고 작성과 출판 과정에서 보여 준 부단한 인내심, 재치와 친절함에 깊이 감사한다. 우리는 펠그레이브(Palgrave) 출판사 소속 직원들에게도 감사의 마음을 전한다. 먼저, 본서 출간을 승인해 준 레베카 바든(Rebecca Barden)에게 감사한다. 또한, 니콜라 카티니(Nicola Cattini)와 로이드 랭먼(Lloyd Langman)을 포함한 출판사 직원들이 출간 과정에서 보여 준 인내심과 배려에도 감사한다. 우리는 3인으로 구성된 익명의 검토 위원들이 보여 준 사려 깊은 논평에 진심으로 감사한다. 우리의 역량이 그들에게 잘 전달됐기를 바란다.

케이티 엘리스(Katie Ellis)(제1저자)는 이 프로젝트가 시작된 머독대학교(Murdoch University) 동료들과 본서가 완성된 커틴 대학교(Curtin University) 동료들 그리고 본서의 여러 장을 읽고 아이디어를 논의해 주고 귀중한 피드백을 제공한 마이크 켄트(Mike Kent)와 스콧 홀리어(Scott Hollier)에게 감사한다. 또한, 엘리스는 그녀가 이 프로젝트의 일부가 되도록 이끌어 준 제라드 고긴(제2저자)과 장애와 미디어와 관련한 그녀의 연구, 사유, 글쓰기에 대해 신진학자상(Discovery Early Career Award)을 수여한 호주 연구 위원회(Australia Research Council)에 감사를 표한다. 마지막으로 그녀는 프로젝트 기간 내내 지원을 아끼지 않은 크리스와 스텔라를 비롯한 그녀의 모든 가족에게 감사한다.

제라드 고긴(제2저자)은 시드니 대학교(The University of Sydney)와 미디어와 커뮤니케이션학과 동료들의 지원에 감사를 표한다. 그는 본서의 시발점이 됐던 장애와 디지털 기술에 관한 그의 연구를 지원해 줬던 호주 연구 위원회의 미래 펠로우십(FT130100097)의 아낌없는 지원에도 감사한다. 그는 공동 집필 하는 데 있어 엘리스의 우호적 협력 관계, 인내와 격려에 깊이 감사한다. 재키(Jacqui), 리암(Liam), 비앙카(Bianca)의 인내와 격려에도 감사한 마음을 표한다.

# 제1장

# 서론: 미디어에서 장애가
# 중요한 이유는 무엇인가?

우리는 매일 우리의 삶 속에서 어떤 식으로든 장애와 마주하게 된다. 우리 중 대다수는 장애와 손상과 함께 살아간다. 우리도 모르는 사이에 우리는 점점 더 장애를 경험하는 친구, 연인, 가족, 직장 동료, 지인들을 갖게 될 것이다. 장애는 비록 잘 인식되지 않지만, 우리의 평범한 삶의 일부다. 장애는 때론 논의 가치가 있는 '다름'으로 대두되지만, 한편으론 우리 자신과 타인과 사회 제도들의 문젯거리가 되는 '틀림'으로 나타나기도 한다. 다수의 사회, 문화와 우리가 속한 집단들에서 장애는 갈수록 더 '정상적인 것 (normal)'으로 여겨진다. 장애는 다문화나 단일 문화 사회와 상관없이, 삶의 방식의 한 부분이다. 장애가 사회적으로 인정받기까지 오랜 기간이 걸렸고, 이에 따라 평등, 사회적 참여, 완전한 문화 시민권 측면에서 아직까지 많은 저해 요소들이 존재한다. 그렇다면 장애는 미디어와 어떤 연관성을 가질까? 이 책의 개요 설명으로 이러한 문제들에 대한 논의가 시작될 것이다.

우리의 일상을 살펴보자. 우리가 길을 건널 때, 산책하거나 휠체어 또는 유모차를 밀 때, 자전거나 오토바이를 탈 때, 우리는 경사로를 쉽게 볼 수 있을 것이다. 우리는 쇼핑몰과 공항과 공원에서 접근 가능한 화장실(장애인 전용 화장실)을 찾기 위해 헤맬지도 모른다. 우리는 학교와 대학교 강의실에서 인공 와우 보조 장치 및 기구를 찾을지도 모르고, 수어(수화) 통역자를 사용할지도 모르고, 강의를 전사해 줄 사람이나 노트 필기를 대신해 줄 사람, 인터넷 사용을 위해 접근 가능한 기술을 사용할지도 모른다.

우리는 다양한 맥락에서 장애인을 상징하는 마크에 익숙하다. 전 세계인에게 익숙한 휠체어 사용자가 찍힌 고전적인 이미지를 상상해 보자. 파란색 바탕에 하얀색으로 그려진 휠체어에 앉아 있는 장애인 이미지 말이다. 파란색은 장애인 파랑(disabled blue)으로 나름 알려져 있기도 하다. 장애인 마크는 1968년에 덴마크 출신 디자인 전공 대학생 수잔 코페드(Susanne Koefed)에 의해 처음 고안됐다. 그 후 칼 몬타(Karl Monta)는 착석한 인물의 두상을 상징하는 원을 삽입함으로써 현재의 장애인 마크가 탄생됐다. 장애인 마크는 일련의 대중이 접근 가능한 모든 지역과 부문에서 공공 정보를 제공하는 그래픽 기호를 정의하는 국제적 표준의 중요한 일부가 됐다(Ben-Moshea and Powell, 2007). 접근성을 상징하는 국제적인 기호는 단지 휠체어 사용자를 위한 물리적 접근만을 의미하지 않고 다양한 영역의 상황 속에서 사용되고 있다. 그러나 장애인 마크에 대해 배제, 권능화, 또는 포함 측면에서 비판이 제기되고 있다. 접근 가능한 아이콘 프로젝트(Accessible Icon Project)와 연관된 미국 출신 디자이너 구성원들은 장애 이미지를 수동적인 것에서 능동적으로 재편하는 대안적 이미지로 만들었다. 이러한 노력들은 영국 출신 캐롤린 카더스(Caroline Cardus)를 비롯한 예술가들의 작품들에 힘입은 바 크다. 카더스는 공동체와 장애 예술 자선 사업 기관인 인터-엑션 MK(Inter-Action MK)와 협약을 맺고, 2004년에 '나아가야 할 길(The Way Ahead)'이라는 제목의 순회 전시회를 열었다. 이러한 기호와 변형들은 장애를 이해하고 교감하는 대안적 방법을 제시한다.

이처럼 간략한 논의에서도 나타났듯이, 우리가 당연하게 여기는 접근성에 관한 국제적인 기호(특히, 장애인 마크)를 둘러싼 사고와 추측들을 조사할 때, 장애는 일반적으로 알고 있는 것보다 훨씬 더 풍부하고 복합적일 뿐만 아니라 많은 영역에서 나타나기도 한다. 이런 장애 기호는 우리가 어떻게 장애와 소통하는지 구체적으로 보여 주는 좋은 예가 된다. 오늘날 전 세계는 미디어를 통해 다양한 소통을 이루고 있다. 앞으로 장애와 관련해서도 곧 커뮤니케이션과 미디어 소통이 이루어질 것이다.

빈곤 국가 및 사회에서도 라디오, TV, 영화, 음악, 광고 그리고 스마트폰의 사용 증가와 다양한 형태의 미디어 사용이 이루어지고 있다. 미디어는 수십 억 세계 인구가 서로 소통하고 사회에 참여하며 그들의 정치적 권리를 행사하고 의미를 만들며 문화를 창출하는 방식을 형성하는 데 중요한 역할을 하고 있다. 미디어는 현대 세계에서 상당히 중요하다. 왜냐하면 미디어에서 우리 삶의 대부분이 일어나고 의미를 찾는 채널, 네트워크, 형식, 언어를 제공하기 때문이다. 우리가 현대 미디어의 폭넓은 다양성을 조사할 때, 특정한 미디어 세계에서 장애가 얼마나 자주 나타나는지, 나아가 우리가 미디어에 대해 더 깊이 들여다본다면, 장애가 기본적으로 미디어의 구조에 얼마나 큰 영향을 미치는지 인식하고 놀라게 될 것이다. 이와 반대로 미디어도 장애의 형성에 있어 많은 시사점을 갖는다. 본격적인 논의를 시작하기 전에 장애의 의미와 정의를 알아보자.

## 장애란 무엇인가?

　장애는 그것이 선천적이건 후천적이건 신체적 손상과 연관된다. 장애를 머릿속에 떠올렸을 때 가장 흔하게 그려지는 것은 아마도 휠체어 사용자일 것이다. 그렇기 때문에 접근성의 국제적 기호가 휠체어라는 것도 놀랄 만한 일은 아니다. 과거 휠체어 사용자들은 휠체어에 의지한다고 묘사되곤 했다. 그들은 척추 손상으로 인해 신체 기능이 상실돼 하반신 마비나 사지 마비 등과 같은 의료적 상태를 가질 수 있다. 감각 장애(시각 장애, 청각 장애 등)는 두 번째로 흔한 이미지일 것이다. (예전에는 귀머거리라고 불리었던 말을 못 하는 사람들과) 아울러 지적 장애 등과 같은 다른 유형의 장애도 사람들 머릿속에 존재할 것이다.

　우리는 이러한 이미지를 언급한다. 왜냐하면 장애가 사유되는 방식에 따라 이해되기 때문이다. 현시대를 살아가는 다수의 사람에게 장애가 의미하는 바는 각기 다르다. 사실, 이러한 이미지들은 도움이 안 되고 고정 관념만을 가중시킬 뿐이다. 이러한 고정 관념은 구시대적이고 부정확하기도 하다. 인종 차별, 성차별, 국가 차별, 계급 차별, 성 소수자와 관련한 혐오 고정 관념들처럼 장애에 대한 고정 관념과 이미지는 사회 현실을 왜곡하고 혐오와 공포 때문에 그것을 거부하지 못하도록 만든다. 혐오와 고정 관념은 장애 수용을 위해 진정으로 필요한 사회적 이해와 변혁에 실질적인 장벽이 된다.

　다행히도, 현재 우리는 장애를 이해하고 정의함에 있어 좀 더 개선되고 정확해야 하는 공정한 방식을 가지고 있다. 전 세계적으로 널리 승인된, 이른바 국제기능장애건강분류(ICF, International Classification of Functioning, Disability and Health)로 불리는 국제적인 장애 정의를 이야기해 보자. 2001년 세계보건기구(WHO)에 소속된 191개 국가에서 이 정의가 채택됐다. 비록 아직까지 문제점은 있지만, 이러한 정의는 장애 이해에 있어 진일보를 보여 준다. 첫째로, 이 정의는 상호 역학적인 특성을 갖는다. 개인의 기능 및 장애는 건강 상태, 환경, 개인적 요인의 역학 관계 속에서 개념화된다(WHO, 2001: 8). 기능과 장애는 다차원적이다. 둘째로, 장애는 포괄적인 용어다. 몸의 구조 또는 기능 손상, 활동의 제한, 또는 참여의 제약이 1개 이상 있을 때 장애로 규정한다(WHO, 2001: 8). 이러한 분류 체계가 추가적으로 세분화되는 것이 현 추세다. 세분화는 다음과 같은 주제하에 놓이게 될 것이다.

- 몸 기능과 몸 구조
- 활동 및 참여
- 환경적 요인

몸의 기능 및 구조는 장애가 최근에 이해되는 방식과 가장 흡사하다고 볼 수 있다. 이것은 인간의 몸에 영향을 미치는 손상, 결함 또는 건강 문제와 관계한다.

이 분류의 첫 요소는 8개의 다른 유형의 몸 기능을 포함한다(정신적 기능, 고통 등의 감각 기능, 목소리 등의 언어 기능, 심장 기능, 소화 기능, 신진대사 및 피부 기능, 출산 등의 생식 기능, 신경 근육 및 이동 관련 기능). 두 번째 요소는 8개의 매칭 몸의 구조를 리스트화한다(신경계, 눈과 귀 및 관련 구조, 음성 및 언어와 관련된 구조 등).

현시점에서 본서를 읽고 있는 독자들은 의학이나 과학 서적이나 강의를 듣는다고 착각할 수 있을 것이다. 아마도 독자는 이 이슈가 의사 또는 장애 전문가가 되기 위해 공부를 하는 학생에게만 관련이 있다고 생각할지도 모른다. 도대체 미디어와 장애 관련 이슈가 무슨 관계가 있는지 의구심을 품을 수도 있을 것이다.

아래 활동과 참여 요소가 이런 의문에 관한 실마리를 제공할 것이다. 다음의 활동들을 머릿속에 그려 보자(학습과 지식 적용, 업무들, 소통, 이동, 셀프 케어, 대인 작용 및 관계, 공동체 사회와 시민 생활). 다음으로, 장애 영향을 미치는 환경적인 요인들을 생각해 보자(상품과 기술, 자연 및 인공 환경, 지원과 관계, 태도, 서비스, 체계).

이런 점에서, ICF에서 대두되는 것은 장애는 단지 의료적 건강 문제만이 아니라는 것이다. 이것은 우리의 몸과 활동과 사회와 환경 사이에서 일어나는 상호 작용을 수반한다. ICF 장애 정의는 여러 국가에서 채택되고 있으며 장애와 관련한 공식적인 통계 수치와 그 취합에도 적극적으로 활용된다. 이 법적 정의는 세계보건기구가 세계은행(World Bank)과 공동 수행한 2011년도 보고서가 시작되는 첫 단어였고, 장애에 관한 가장 권위적인 보고서들에 분석 틀을 제공하기도 했다.

장애에 관한 세계 보고서는 다음과 같은 장애 발생률을 알려 준다. 2002~2004년도 세계보건기구 설문에 따르면, 전 세계 인구의 2.9%가 중도(중증) 장애를 갖고 있다고 추산했다. 전 세계 인구의 15.3%가 경도(경증) 또는 중도 장애를 갖고 있다. 이 수치는 지역과 국가에 따라 다양하고 성별에 따라 다르게 나타난다. 여성들이 전체적으로 좀 더 높은 장애 발생률 수치를 가지고 있다고 추산된다. 노인 인구 층에서 장애 여성이 남성에 비해 11%가 더 많다(World Health Organization, 2011: 7). 장애를 수치화하는 것은 매우 복합적이고, 문제화되고, 논쟁적인 영역이다. 그러므로 우리는 관련 수치 및 논의를 여기에서 접어 두고 대신 어떻게 장애가 정의되고, 왜 그것이 미디어의 이해와 관련이 있는지에 대한 논의로 되돌아가겠다.

장애에 관한 세계 보고서의 개요는 다음과 같다.

장애는 손상, 활동 제한, 참여 제약에 대한 포괄적 용어이며 장애는 개인(의료적 문제를 가진 자), 개인의 맥락적 요인(환경적 개인적 요인) 사이에서 발생하는 상호 작용에서 부정적인 양상을 지칭한다(World Health Organization, 2011: 4).

위 보고서는 처음부터 일상생활에서 장애인의 사회적 참여를 저해하는 장벽들을 명시함으로써, 장애인의 사회 참여에 대한 중요성을 강조하고 있다(World Health Organization, 2011: 4). 이 보고서는 개인을 둘러싼 환경이 장애의 경험과 범위에 상당한 영향을 미친다고 지적하고 있다(world health Organization, 2011). 특히, 보고서는 접근 불가능한 환경이 참여와 포함(통합)에 대한 장벽을 만듦으로써 장애를 구성한다고 적시하고 있다(World Health Organization, 2011). 보고서는 아래 세 가지 예들과 함께 환경적 장벽들을 예증하고 있다.

- 수어(수화) 통역을 제공받지 못한 청각 장애인
- 접근 가능한 화장실 및 엘리베이터 시설을 제공받지 못한 휠체어 사용자
- 화면 읽기 프로그램을 갖춘 컴퓨터를 제공받지 못한 시각 장애인(World Health Organization, 2011: 7)

흥미롭게도, 첫 번째 예는 언어와 관련이 있고, 세 번째 예는 컴퓨터와 소프트웨어 등 우리 시대의 미디어를 정의하는 것과 관련이 있다. 또한, 세계 보고서는 지식과 태도가 중요한 환경적 요인이라는 것을 명시하고 있다.

장애 인식 개선과 부정적인 태도를 바로잡는 일은 종종 장애인을 위한 좀 더 많은 접근 가능한 환경들을 창출해 내는 첫 단추가 된다. 오랜 역사를 가진 부정적인 이미지와 언어, 고정 관념, 낙인은 전 세계적으로 오랫동안 장애인들을 괴롭혀 왔다(World Health Organization, 2011: 7).

본격적으로 논의를 시작해 보고자 한다. 이제 미디어 전공 학생들, 교사들, 실무자들과 연구자들을 위해 논의의 핵심으로 들어갈 것이다. 미디어는 인식 개선, 태도 형성, 아이디어 순환, 개인적 표현, 사회적 정체성, 문화 트렌드를 이야기함에 있어 가장 중요한 위치에 있다. 만일 장애가 의료적, 심리학적 영역뿐만 아니라 의료적, 심리학적, 사회적 영역과의 혼합에서 발생된다면 장애는 심도 있는 수준에서 사회의 거대한 조직을 수반한다고 이해돼야 할 것이다.

## 소셜 (장애) 미디어

요약을 위해 잠시 멈춰 보자. 장애 정의의 몇몇 시사점들을 선별하여 논의해 보자.

우선, 세계보건기구 보고서와 국가적으로 활용되는 통계 수치와 연구들로부터 명백하게 밝혀졌듯이, 채택된 장애 정의에 따라 장애인이 놀라울 정도로 세계 인구의 많은 부분을 차지한다. 서방 국가에서 종종 장애인 인구가 20% 정도로 추산된다. 또한 장애는 매우 다양하고 이질적인 집단으로 구성된다. 장애는 정신적인 결함, 정신 보건 문제, 신체적·감각적 손상, 유전 질환 등을 가진 자들을 아우른다. 장애라는 것은 단일한 것이 아니다. 그리고 장애는 상호 작용하여 복합적이고, 불안정하고, 변화무쌍한 조건들을 생산한다. 따라서 장애인 사이에도 크고 작은 차이점들이 존재한다. 이는 같은 방식으로 모든 장애인을 접근할 수 없다는 것을 의미한다. 이처럼 장애는 역동적이다. 장애는 선천적일 수도 있고 후천적일 수도 있고 잠정적으로 소유할 수 있고 우리의 수명이 길어진다면, 더 오랫동안 장애인으로 간주될 수도 있을 것이다. 장애는 각 개인 삶의 과정에 걸쳐 변한다.

다양한 이유에서 사람들이 '우리(비장애인들)' 또는 '그들(장애인들)'로 양분화하는 것은 역설적으로 어려운 일이다. 사실상, 우리 중 누가 진짜 장애인이고 누가 진짜 비장애인인지 선언하는 것도 이와 마찬가지다.

결국, 대부분 사람은 어떤 유형의 목발, 지지대, 보조 기술, 신체적 변이, 손상, 쇠약함, 또는 유약함을 갖는다. 놀랍게도, 장애와 관련한 가장 널리 사용되는 기술은 휠체어라기보다는 안경이라고 할 수 있다.

이와 더불어, 장애는 다른 사회적, 문화적, 언어적 공동체에 걸쳐 다른 의미와 시사점들도 갖는다. 예컨대 영국에서는 '장애인(disabled people)'이 선호되는 장애 지칭 용어인 반면 미국과 다른 국가에서는 '장애를 가진 사람들(people with disabilities)'이 보다 널리 용인된 장애 관련 지칭 용어다. '불구자(crip)'는 모든 시대에 걸쳐 가장 잘 쓰이는 전통적인 혐오 용어다. 그러나 이 용어는 현재 장애인들에 의해 새롭게 재의미화됐다. '불구자 이론(crip theory)'은 장애 관련한 가장 유명한 도서명으로 사용됐다(McRuer, 2006).

그러나 장애가 비록 다양한 형태로 나타나지만 개인으로서의 장애인과 집단으로서의 장애인들이 공통으로 경험하는 다수의 양상이 있다. 물론 일반화의 위험도 있지만, 장애인의 공통된 경험은 배제, 차별, 노동과 소득의 불평등으로 논의될 수 있다. 장애인은 낮은 소득, 부족한 교육 접근성, 낮은 사회 참여, 특수 시설을 통한 주류 사회로부터의 분리 경향이 있다.

이런 복합적이면서도 공통적인 현상을 이해하기 위해서 우리는 더욱 장애를 심도 있게 사유해야 하고 정치, 사회, 문화적인 차원에서 장애를 이해할 필요가 있다. 추후에 논의하겠지만, 이것은 장애의 '의료적 모델'을 비판적으로 수용하려는 입장이다. 장애가 사회적, 문화적, 정치적, 그리고 다른 차원에서 형성됨을 이해하는 것은 매우 중요하다. 이와 같은 견해를 장애의 '사회적 모델'이라고 부른다…. 사회적 모델은 다양한 장애 철학을 수반한다. 2001년 ICF 법적 정의 핵심의 일부는 '의료적 모델'과 '사회적 모델'의 균형을 맞추는 데 있었다. 장애에 관한 세계 보고서는 이러한 국제적인 정의와 국제적인 장애 관련 법적 정의와 이해를 정치적, 문화적, 사회적 조건에서 좀 더 심도 있게 탐색한다.

이러한 과정의 핵심은 장애를 정의할 때 장애인 당사자가 직접 역할을 수행한다는 점이다. 세계보건기구가 강조했듯이, 현시대의 장애 정의는 완전하게 결정된 것은 아니다. 갈수록 진화하고 있다고 해야 할 것이다. 장애 법적 정의의 또 하나의 중요한 틀은 2006년에 제정된 UN의 장애인권리협약(CRPD)을 들 수 있다. 이 협약은 장애인을 비롯한 만인을 위한 자유와 정의의 성취 결과로 평가받는다. 장애인권리협약은 세계적으로 장애인에 대한 기본 인권이 거부됐음을 명시하며 장애인의 억압된 상황을 인식한 첫 국제 협약이라고 할 수 있다. 이 협약은 세계 각국 정부가 장애인의 인권을 보호하기 위해 어떤 조치를 취할 것을 요구하고 있다. 따라서 이 협약의 조항들은 모든 학령기 아동들에게 균등하게 적용돼야 한다.

현재 협약의 목적은 장애를 가진 모든 사람들이 모든 인권과 기본적인 자유를 완전하고 균등하게 누리고, 그들의 고유한 존엄성에 대한 존중을 증진, 보호 및 보장하는 것이다.

장애인은 다양한 장벽과 상호 작용하고, 타인과 동등하게 사회
에 대해 완전하고 효과적인 참여를 행할 수 없는 신체적, 정신적,
지적 또는 감각적 장애를 가진 사람들을 말한다.

우리는 본서가 전개됨에 따라, 장애인권리협약과 우리가 논의한 다른 문
서들에 의해 현재 국제적이고 국가적인 의제에 확고하게 명시된 단순해 보
이지만 매우 복잡한 장애의 개념을 더 탐색할 것이다. 그러나 이것을 논의
하기 전에, 장애로 인해 제기되는 다양한 반대 의사들과 현시점에서 독자들
이 공유한 것들을 고찰해 보자.

장애의 전체 개념에 대해 의문점을 던지는 사람들이 분명히 많을 것이
다. 많은 사람들은 누군가를 '장애인'으로 묘사하는 것은 그 사람을 일종의
궁지로 몰아넣는 것과 마찬가지일 뿐만 아니라 단지 상대적인 것만을 단정
적으로 취급하기 위한 것이라고 느낄 수도 있다. 사람들 중 일부는 어떤 영
역에선 뛰어나지만, 다른 영역에선 신체적으로 능숙하지 못한 경우가 많다.
그렇다면 구기 종목에서 절망적이거나 또는 수학에 서투른 사람들은 모두
장애인이 아닐까? 그래서 몇몇 사람들이 말하는 것처럼 '다른 능력'을 가진
자로 말하는 것이 더 좋지 않을까? 만약 그렇다면, 우리는 장애에 대한 생
각을 어디에 위치시켜야 할까? 우리는 어디에서 장애 유형을 논해야 하는
가?

이와 반대로, 왜 장애가 이러한 현상을 이해하는 데 가장 중요한 개념인
지 좀 더 뉘앙스 있는 주장에 대한 전개가 필요할 것이다. 비록 그것이 문제
와 한계로 가득한 개념이지만 말이다. 결국, 장애는 실제로 우리 삶의 전부

또는 적어도 대부분의 사람에게 영향을 미친다. 그러나 우리가 제시했던 것처럼 이 주장이 일반적으로 이해되는 것은 아니다.

이러한 점들을 감안할 때, 장애는 인간이 몸과 마음의 손상에 대한 두려움에 대응해 만들어 내는 사회적 생각이라는 점에서 논의를 시작할 필요가 있다. 장애에 관한 것들은 우리의 사회적 인식을 형성하는 틀, 신화, 권력 관계들과 연관된다. 이러한 사유들은 영국의 활동가들과 마이크 올리버(Mike Oliver)와 같은 이론가들이 발전시킨 영향력 있는 장애의 '사회적 모델'에 녹아 있다. 간단히 말해서, 사회적 모델은 '손상(예를 들어 시각 및 청각 장애 등)'과 '장애(해당 장애인이 사회적 장벽을 통해 얻는 물질적 신체적 경험)' 사이에 이분법이 존재한다고 주장한다. 장애가 있다는 것 자체가 누군가는 기능, 생활 또는 사회에 참여할 수 없다는 것을 의미하는 것은 아니다. 오히려 사회가 일상생활 속에서 반사작용으로 사람들을 '장애인'으로 만드는(불능화) 경우가 더 많다.

오늘날 사회에서 다름을 다루고 '정상성을 강요'하는 장애에 대한 문화적 작업(Davis, 1995)은 미디어가 시각적으로 중요한 영역임을 의미한다. 장애에 대한 영향력 있는 사고들이 미디어를 통해 전파된다. 정상성, 건강, 우리의 몸과 정체성에 대한 핵심 사고 및 신념은 미디어에 퍼져 있고 미디어를 구성하기도 한다. 그렇다면 장애는 미디어에 주요 관심사가 돼야 한다. 이것들이 전개되는 구체적인 방법에는 어떤 것들이 있을까?

## 장애와 함께하는 미디어의 일상

장애와 미디어의 넓은 지형을 다시 환기하려면 다음과 같은 연습을 해

볼 필요가 있다. 미디어 소비량을 하루 단위로 적고 장애 관련 자료의 출현을 기록해 보자.

물론, 모든 사람들의 미디어 일지가 다를 수도 있지만, 여기 의미 있는 한 가지 일화가 있다. 사람들이 가장 먼저 주목하는 것은 장애인에 대한 뉴스와 시사 항목이다. 우리가 이 책의 서론을 쓸 때, 우리의 관심은 음악 스타 중 한 명인 포크 록 블루스 가수 짐 콘웨이(Jim Conway)의 비행기 탑승 관련한 언론 보도에 쏠려 있었다. 참고로 항공사는 그를 휠체어에서 비행기 좌석까지 이동시키는 것을 거부했다(Visentin, 2014). 또 다른 우리의 관심 아이템은 장애와 질병의 치료 가능성을 가진 새로운 의학 연구를 위한 미래 기금에 대한 기사를 송부한 야간 뉴스였다(Law, 2014). 우리는 영국 언론을 통해, 영국 정부가 실업 장애인에 대한 복지 혜택을 삭감했다는 소식도 들었다(Butler, Taylor, and Bell, 2013). 이러한 삭감은 장애인 또는 실업자의 복지 부정 수급을 방지하고 그들의 고용을 자극하기 위한 미명하에 복지 혜택 자격 요건을 강화하거나 관련 예산을 '긴축'하는 세계적인 현상과 궤를 같이 한다고 볼 수 있다(Island, 2014). 외형상으론 웹사이트 장애에 대한 많은 '감동적 이야기'가 있었는데, 예를 들어 팔이 없이 태어난 젊은 멕시코 변호사 아드리아나 마샤스(Adriana Macias)의 이야기처럼 동영상으로 완성된 것이다. 그들의 믿음은 '인생에서 성공하는 데 아무런 장애도 없다. 긍정적인 태도는 개인과 집단의 성취에 있어 필수적인 수단이다. 만일 우리가 좀 더 심도 있고 객관적으로 바라본다면, 일간 신문에 장애인과 관련한 자료들이 많이 있을 것이다.'라는 것이다.

텔레비전을 켜거나, 텔레비전 프로그램을 다운받거나, 인터넷이나 모바일 기기로 TV나 비디오를 볼 때, 우리는 장애와 관련돼 있다고 판단되는 미디어 콘텐츠들이 많다는 것을 알게 될 것이다. 그것은 단지 장애인에 대한 전문적인 텔레비전 쇼만은 아니다. 물론 일부는 장애와 관련이 있겠지만 대부분은 그렇지 않다고 볼 수 있다. 비록 다수 TV 시리즈에서 장애인이 극히 소수 출연하고 있긴 하지만, 장애에 초점을 맞춘 프로그램들이 증가한다는 점은 부정할 수 없다(Rodan, Ellis, Lebeck, 2014; Ellis, 2015). 범죄 드라마에서 장애를 가진 별나고 특이한 '형사'들이 종종 등장하며, 그들은 범죄 드라마 인기의 주요인이 된다. 흥미롭고 색다른, 즉 성공적인 형사 캐릭터의 유무는 제작자가 어떻게 장애를 다루느냐에 따라 달라진다.《오렌지는 흑인의 새로운 색이다(Orange Is the New Black)》와《브레이킹 배드(Breaking Bad)》와 같은 새 '컬트 TV' 시리즈에서 가장 흥미로운 장애의 표현은 명백하게 나타나지는 않는다. – 장애는 시리즈 플롯의 중심이자 주요 콘셉트이다. 상기 드라마 서사는 또렷하게 드러나거나 분명하거나 명백하게 가시화된 장애에 의해 시작된다. 영화도 마찬가지다. 영화 속에서도 장애는 전체 이야기에서 탐색의 주요 소재가 된다.

　이제 우리의 미디어 일지는 장애 관련 사례들로 가득 차 있을 것이다. 우리가 디지털 미디어의 역동적이고 빠르게 변화하는 환경으로 주의를 돌리면 훨씬 더 중요한 장애 사례들을 만나게 될 것이다. 그리고 디지털 미디어와 관련한 장애 사례들 중 다수는 우리의 선입견을 잠시 접어 두고 재고찰할 것을 요구하기도 한다. 예를 들어, 디지털 미디어는 장애를 가진 많은 이들에게 처음으로 미디어에 접근할 수 있고, 소비할 수 있고, 미디어를 만들 기회를 제공한다고 생각해 보자. 우리는 스마트폰과 태블릿이 지적 장애인 또는 시청각 장애인 등과 같은 장애인 집단에 속한 사람들에게 '미디어 혁명'과 같은 일이라고 덧붙여 말한다. 블로그, 유튜브, 페이스북, 트위터 등 인터넷, 소셜, 모바일 미디어 기술 그리고 전 세계의 다양한 플랫폼을 통해 우리는 모두 장애를 가진 제작자들에 의해서 만들어진 자료들을 쉽게 접할 수 있다. 미디어 콘텐츠를 만드는 아마추어 장애인 제작자들이 많다. 이런 자료의 일부는 분명히 장애에 관한 것이 아니라 장애인의 커뮤니케이션을 통해 생산되는 것이다. 때로는 장애를 가진 다른 사람들과 때로는 장애인으로 자신을 표명하거나, 때로는 그렇지 않은 사람들도 있다.

장애 관련 디지털 미디어 자료의 상당 부분은 매우 부정적이다. 그것들은 모욕적이고, 무례하고, 편협하고, 위협적이고, 혐오적이다. 불행하게도, 매우 끔찍하고 때로는 충격적이며 — 장애에 관한 미디어는 단지 소셜 미디어의 비방만은 아니다. — 차별적, 폄하적, 공격적 태도 및 행동을 가지고 있다. 그리고 사회적 고립은 다수 장애인들이 온라인과 오프라인에서 일상적으로 겪는 일이다. 미디어의 중요성을 과장하지 않고 과도하게 '언론 중심적'인 함정에 빠지는 것(Morley, 2009; Hepp, 2013, 매우 폄훼적인 장애 일지에서 매우 혐오적인 자료의 등장)은 우리에게 장애 그 자체와 언론과 사회의 중심적인 문제를 상기시킨다. 상황이 현저하게 변모했음에도 불구하고, 많은 면에서 문제점이 아직 남아 있어 해야 할 일이 많다. 미디어 유명 인사의 사례를 통해 이러한 모순을 탐색해 보자. 본 서론의 마지막 부분에서 이 책의 접근, 주제에 관해 간단한 개요를 제공할 것이다.


## 왜소증 장애


많은 사람들이 시청했던 2013년도 MTV 뮤직 비디오 시상식에서 논란이 된 것은 20세의 뮤지션이자 배우, 엔터테이너인 마일리 사이러스(Miley Cyrus)의 트레이드마크가 된 '트워킹(twerking)'이라는 댄스 장면이었다. 그녀의 공연이 끝나자마자 블로그와 주류 미디어들은 그녀에 대해 모두 비판을 가했다. 이것은 음악 산업계가 진보적인 예리함을 잃어버린 증거다. 주류 미디어는 사이러스를 매력적인 매춘부(Dries, 2013) 담론과 연관시켰고, 인종 차별(Ninjacate, 2013), 성적 대상화(Briggs, 2013) 등의 이유로 비난했다. 인종 차별과 성차별은 대중과 학계가 미디어를 비판할 때 주요 소재로 삼는 쌍두마차다. 좀 더 관심 있게 봤을 때, 이러한 비판 가운데 독일 TV에서 방영된 그녀의 후속 공연이 미디어의 주목을 받지 못했다는 사실은 매우 이례적이다.

사이러스는 독일 텔레비전 쇼인 《쉬락 덴 라브(Schlag Den Raab)》에 출연했다. 그녀는 저신장 장애인 댄스 그룹, 코러스, 악단과 함께 공연을 펼쳤다(MTV, 2013; News.Com.Au, 2013). 사이러스는 공연 도중 난쟁이 백업 댄서의 엉덩이를 찰싹 때리며, '멈출 수 없어'라고 말한다. 이 사건은 사이러스가 그녀의 사진을 저신장 장애인 공연단에게 트윗했다는 것과 별개로 무의식적으로 일어났다고도 볼 수 있다. 게다가 며칠 뒤 사이러스는 런던에서 열린 소니 뮤직 어워드에서 같은 댄서와 함께 공연했다(Smart, 2013). 영국《선(Sun)》지는 사이러스가 대중의 관심을 받으려고 이젠 터무니없는 행동까지 한다고 논평했다. 《선》지는 그녀가 무대에서 가상 성행위와 노출을 했고, 이젠 말도 안 되는 난쟁이 공연까지 한다고 지적했다.

약 2주 뒤인 2013년 11월 말, 사이러스는 아메리칸 음악 시상식(American Music Awards) 파티에서 최대 관심사가 되었다. 그곳에서 그녀는 자신의 트워킹 공연을 재창출하기 위해 2명의 난쟁이 댄서를 고용했다. 인스타그램 영상에 포착된 한 무용수는 마일리 특유의 토끼 의상을 입었고, 다른 무용수는 '가수 로빈 시크(Robin Thicke) 영감을 받은 줄무늬 정장'을 입었다(Robertson, 2013). 연예 매체 진행자들은 최근의 트워킹 댄스가 '지나친 것 아니냐(Hollywood Life, 2013)'는 의문을 제기했지만, 일부 온라인 해설자들은 다른 견해를 보였다. 예를 들어, 아이디 Ty 33B dud는 다음과 같이 논평한다.

> 사람들은 어떤 이유에서인지 저신장 장애인들에게 '미안하다'
> 라고 느끼기 때문에 저신장 장애인들의 상호 작용에 불쾌감
> 을 느끼지만, 저신장 장애인들에게 물어보면 전혀 개의치 않
> 을 것이라고 확신한다. 왜냐하면 그들은 우리가 할 수 있는 것
> 을 그들도 할 수 있기 때문이다. 그들은 몸이 불편하며 사회
> 적 약자일 뿐이다. 단지 작을 뿐이다(https://www.youtube.com/
> watch?v=wjWmShKSh6M).

또 다른 온라인 해설자 맷츠피나제는 '안녕 매춘부 안녕 매춘부 우리가
가는 트워크가 아니다…'라는 글과 사진을 게재했으며 트위터 패러디에서
이러한 정서는 반복적으로 나타난다(@Uncle_A_Trotter, 2013).

문제의 핵심은 그녀의 난쟁이 댄스 공연에 있기보다 그녀의 홍보 전략
또는 과도한 성적 대상화에 있다는 주류 매체들의 지적도 있었다. '그녀는
매춘부이자 저질 댄서이다'. 아마도 미디어와 소비자들은 그녀의 페르소나
와 공연에 대한 진부한 논쟁과 사이러스 자신에 대해 피로감을 경험할지
도 모른다. 혹은 우리가 의심하듯이, 난쟁이 백댄서 고용이 그들을 많이 폄
하한 것으로 보이게 하지 않을 것이다. 왜냐하면 아직까지 문제화되지 않은
우리의 저신장 장애인들에 대한 문화적 집착이 있기 때문이다. 어쨌든, 이
사건들은 장애 문제에 대한 주요 논의를 거의 이끌어 내지 못했다. 사이러
스의 무용수 중 한 명인 홀리스 제인(Hollis Jane)이 자신의 블로그에 다음과
같이 말하기 전까지는 말이다.

난 마일리 사이러스의 VMA 공연에서 곰이었고 그런 일은 처음이었어…. 내 재능 때문이 아니라 내 키 때문에 내가 사용되는 것이라면 뭐든지…. 그리고 그 무대에 서 있는 것 자체가 내 인생에서 가장 모욕적인 일 중 하나라는 점을 여러분들께 알리는 첫 번째 사람이 될 겁니다. 나는 모든 사람이 나의 의견에 동감하지 않을 수도 있다고 생각하며 나는 어리고 순진했다고 생각한다. 나는 이러한 대우에 대한 몰이해 및 무지는 당장 멈춰야 한다고 생각한다(Jane, 2013).

제인의 블로그 코멘트는 《허핑턴 포스트》(Blumberg, 2013)와 다수의 국제 미디어에 소개되었다. 곧 다양한 혐오 발언들이 제인의 블로그에 쇄도했다.

추한 난쟁이 똥자루야. 물론 네가 칭얼거려서 출연료를 좀 줬겠지. 메이저 영화나 유명 배우 옆에 있는 너를 보고 싶어 하는 사람이 과연 세상에 있을까? 솔직히 말하면, 코미디 장르가 아니라면 너는 영화 속에서 영원히 볼 수가 없을 거야. 최소한 네가 코미디에 나와야지, 추악한 난쟁이를 (바로 너)! 바라보는 내 기분이 불쾌하지 않을 거야. 너를 볼 때마다 잡종견과 바퀴벌레가 생각나…. 이 추한 것…. 단 15분뿐인 너의 유명세나 즐겨. 동정을 위해 인터넷을 이용하는 것이 네가 관심을 받는 유일한 방법이고 사람들이 너를 보고 불쌍해서 혀를 차는 것 이외에는 아무도 너에게 관심이 없을걸. 쥬드 엠(Jude M)으로부터(Various, 2013).

현재 이러한 혐오 발언들은 온라인 미디어에 가득 차 있고 디지털 문화에 이러한 어두운 그림자가 드리워져 있다고 알려져 있다. 인터넷 문화를 드러내고 구조화하는 다수 혐오와 마찬가지로, 사이러스의 난쟁이와 함께 한 공연을 빙산의 일각으로 만드는 장애와 미디어 관련 뿌리 깊은 일련의 역학 관계가 있다. 오랫동안 역사적으로 고정 관념화된 저신장 장애인들을 생각해 보자. 이러한 기괴한(freak) 이미지는 집착과 혐오(난쟁이들과 춤을 추는 사이러스)와 상호 모순되는 것들을 수반한다.

약 150년 전인 1863년 2월 11일, 《뉴욕 타임스》는 신문 전체 8장 중 1면을 엄지 장군으로 (a.k.a. General Tom Thumb) 유명한 프릭쇼(괴기쇼) 공연자 찰스 셔우드 스트래튼(Charles Sherwood Stratton)과 그의 예비 신부 머시 라비니아 워렌 범프(Mercy Lavinia Warren Bump)에 할애했다(Bogdan, 1990). '사랑스러운 소인'이라는 제목의 이 기사는 프릭쇼의 공연 기획자 미스터 바우만(Mr. Bauman)과 그들의 캐스팅 비화들에 관한 것이다(1863). 보그단(Bogdan)이 시사하는 바와 같이, 이 커플의 결혼식은 남북전쟁에 지치고 힘든 미국인들의 '시름을 덜어 주는' 그 시대의 주요 미디어 이벤트였다. 당시의 미디어 이벤트에 2만 장 이상의 티켓이 팔렸다(Bogdan, 1990). 이런 결혼식에 관한 관심은 공연 기획자 바우만의 역량과 난쟁이에 대한 유서 깊은 문화적 집착에 힘입은 바 크다.

20세기 후반기 동안 연예와 오락의 원천으로서 TV와 영화의 대두는 개별적 장르로서 라이브 공연인 프릭쇼의 실황(Live) 공연의 몰락을 야기했고 이후 프릭쇼는 천박하고 착취적인 공연 장르로 여겨졌다(Gerber, 1996). 이러한 혐오감에도 불구하고, 난쟁이들은 전자 미디어에서 계속해서 등장하고 있다 – 1990년대 유명했던 《오스틴 파워(Austin Powers)》와 최근 리얼리티 TV 쇼 《엄지 신랑(The Littlest Groom)》. 새 유형의 프릭쇼들이 대중문화에서 두드러지게 나타나고 있다. 이벤트 오락과 관련한 술집과 기타 장소에서 난쟁이 놀이와 난쟁이 볼링을 볼 수 있다. 이러한 쇼들에 등장하는 저신장 장애인들의 참여는 2013년 영화《월 스트리트의 늑대(The Wolf of Wall Street)》에도 잘 나타난다(Scorsese, 2013). 영국 출신 저명한 장애학자 톰 셰익스피어(Tom Shakespeare)는 난쟁이들은 웃음거리나 폄하 대상이 되는 장애의 코미디 모델이 되기 십상이었다. 다수 페이스북 페이지들에서도 동종 유형의 손상에 대한 폄하를 쉽게 찾아볼 수 있다(Shakespeare, 2009).

따라서 우리가 현대 미디어에서 혐오하면서도 집착적으로 매료되는 대중적인 난쟁이 표현에 대해 분석할 때, 우리는 그것이 미디어와 문화 전반에서 장애의 위치에 대한 매우 불편한 질문들을 제기한다는 것을 알게 된다. 혼란스럽고, 잔인하고 시대착오적인 이미지들과 태도들은 단지 난쟁이에게만 국한된 것은 아니다. 이런 것들은 우리 사회에 광범위하게 퍼져 있으며 장애를 바라보는 대표적인 방식 중 하나이기도 하다. 미디어는 권력과 확산 측면에서 중요하다기보다는 권력 관계들과 장애의 형성에 중요한 역할을 한다.


## 장애와 미디어 — 희곡의 실상


우리는 이제 장애 개념이 왜 필요하며, 이는 유용하며 분석적이고 관련성이 높다는 것에 대한 생각이 분명히 독자에게 전달됐기를 희망한다. 젠더, 인종, 성의 사례와 마찬가지로, 비평적 장애 개념이 없다면, 우리는 장애인과 비장애인의 삶을 구성하는 데 구분이 되는 장애 수준에 대한 이해를 하지 못할 것이다. 우리는 무엇이 인간을 만들고 인간을 만들지 못하는지 근본적인 통찰의 부족을 실감하게 될 것이다.

우리 모두에게는 다양한 결함들, 손상들, 혹은 권리와 지원, 자원, 유전자들, 생활 조건 혹은 경험들이 주어지게 된다. 장애는 우리가 할 수 있는 것들과 함께 생활하고 있으며, 장애는 이러한 차이점들에 대해 초점을 맞추고 그것들을 확장시킨다. 그러나 다면적이면서도 실제적인 장애 현상은 상당히 분명히 나타나고, 골치 아픈 장애인들의 생활과 그 친구 또는 가족들에게도 상당한 영향을 끼치고 특별한 도전에 직면하게 한다.

본서는 장애와 사회 그리고 미디어들이 수행하는 중심적 역할과 관련하여 아직도 이야기될 것들이 많다는 인식에서 비롯됐다. 앞으로, 우리는 장애와 미디어 사이의 복잡한 관계를 비판적으로 소개하는 것을 목표로 한다. 우리는 다음과 같은 주요 질문을 살펴볼 것이다. 장애를 가진 사람들의 사회적 지위는 미디어에 의해 어떻게 영향을 받는가? 미디어는 장애를 가진 사람들의 삶을 적절히 반영하고 있는가? 아니면 그들에 대한 낙인을 영구히 심어 주고 있는가? 아니면 둘 모두인가? 장애 지침의 적절성은 어디까지인가? 현대 미디어에서 장애의 문화적 깊은 뿌리는 무엇인가? 장애 문화가 언론에 반영되어 있는가? 보다 다양하고, 풍부하며, 정의로운 미디어를 수립하기 위한 새로운 디지털 기술과 문화의 잠재력은 무엇인가?

본서의 주 독자는 분명히 학술 관계자들일 것이다. 우리는 또한 연구자들이 이 책에 흥미를 느끼기를 바란다. 본서는 천혜의 연구 자원으로 미디어를 조사하는 젊고 유망한 학자들의 물결로 가득한 장애학을 다루는 연구자들과 잠재력과 수요가 높지만 장애 연구에 대해 아직 토대가 부족한 미디어 커뮤니케이션과 문화 연구가들에게 유용할 것이다.

학생, 교사, 연구자 외에도, 우리는 또한 특정한 관심사와 장애에 대해 관심을 가진 독자들에게 광범위하게 호소하기 위해 이 책을 썼다. 여기에는 보건, 복지, 교육 및 권리에 걸친 비영리 장애 단체, 장애 정책에 관심이 있는 정책 입안자, 장애 옹호자 및 활동가가 포함된다.

게다가 우리 자신의 경험으로 볼 때, 우리는 장애인 당사자와 그 가족과 친구들을 포함한 일반 독자들 사이에 장애에 관한 주제 서적의 필요성이 여전히 존재한다는 사실을 주목하고 있다. 이것은 장애가 공공 문화 속에서 대두되는 역동적인 방식이기도 하지만, 여전히 장애의 양상들을 다루는 양질의 저서 부족을 방증하기도 한다.

미디어는 현대 사회와 문화의 매우 중요한 일부이며, 따라서 우리가 주장하는 바와 같이, 미디어는 장애를 이해하는 데 필수불가결하다. 우리는 국제적으로 장애에 대한 최고의 이론적 연구와 실증적 연구를 하고자 한다. 본서의 전체 내용에서 특히 뉴스, 신문, 방송 그리고 새로운 매체에 걸쳐 장애에 대한 분석과 사례들을 제공할 것이다. 이러한 접근법은 매우 중요하다. 비록 장애에 대한 학술 출판이 급성장하는 분야로, 신간 서적에 대한 욕구가 크고 훌륭한 연구물들이 다수 등장하고 있지만, 미디어와 관련해서 연구하는 분야는 거의 없는 실정이다. 본서는 장애와 미디어 관련하여 광범위하게 알려져 있고 영향력 있는 연구들을 토대로 했다.

전 세계적으로 장애 연구가 전면적으로 등장하고 있다. 비평 장애학 (Critical Disability Studies)이라고 일컬어지는 새로운 학문 분야는 인문학과 사회 과학에 걸쳐 다양한 분야의 학자들과 연결되어 있고, 실제로 다른 모든 과학 영역에서 다양한 학자들이 참여하는 학제 간 분야다(Watson, Roulstone & Thomas, 2014). 비록 장애학이 활발하고, 긴요하고, 급성장하고 있는 반면, 미디어와 장애 분야에서는 약간의 변화가 보이지만 아직 활발한 연구가 진행되지 못하는 형편이다.

학술 논문들이 꾸준히 나오고 있지만, 전반적으로 모든 학술지에서 생산된 장애 및 미디어에 관한 연구 문헌은 놀라울 정도로 적다. 더 이상한 점은 활용 가능한 논문들이 특정 주제에 편중되는 바람에 그 밖에 다른 주제에 대한 학술적 공백이 생긴다는 것이다. 예를 들어, 인쇄 미디어에서 장애 재현에 대한 분석은 매우 적다. 기존 문헌들은 미디어와 장애를 제대로 분석하지 못했고, 종적 연구, 비교 연구 혹은 대규모 연구 측면에서도 매우 부족한 형편이다.

본서는 장애와 미디어에 관한 연구 문헌을 구성하는 학술 논문들을 토대로 작성됐다. 또한 우리는 선구자적인 다른 연구들에 많은 영향을 받았다. 본서는 마틴 노든(Martin Norden, 1994)의 《고립의 영화(Cinema of Isolation)》, 컴버배치와 네그린의 《TV 속 장애 이미지(Image of Disability on Tevevision)》(Cumberbatch & Negrine, 1992)와 포인튼과 데이비스의 《프레임드(Framed: Interrogating Disability in the Media)》(Pointon & Davies, 1997)에 많은 가르침을 받았다.

본서는 찰스 A. 라일리(Charles A. Riley)의 《장애 및 미디어》(2005)의 연구 주제와 방향을 같이한다. 특히 라일리의 도서는 미국의 장애 생활 잡지 및 멀티미디어 그룹인 We의 공동 창립자로서의 저자의 경험을 바탕으로 미디어 전문가와 산업을 겨냥한 개혁을 옹호한다. 라일리의 장애와 미디어 분석은 미국 상황에 근간을 두고 있고, 도서 속 그의 논평은 그의 표현을 빌리자면 '잔인할 정도로 부정적'(p. xviii)이며, 1920년대 이후 장애 재현은 변화가 거의 없다는 점도 시사한다. 우리는 라일리의 좌절과 이 분야의 급격한 변화에 대해 확실하게 공감한다. 그러나 고정 관념뿐만 아니라 장애의 다양하고 복잡한 표현을 인정하고 분석하고자 하기 때문에 현재의 사례와 우리의 관심은 모두 현저하게 다르다.

미국의 미디어 교육자 겸 연구자 베스 홀러(Beth Haller)의 2010년 저서 《비장애중심적 세계에서의 장애 재현: 매스미디어에 관한 에세이들》은 그녀의 포괄적이고 헌신적이며 선구자적인 연구들의 결정판이라고 할 수 있다. 홀러의 저서는 미디어가 장애와 함께 가지고 있는 오명을 쓴 역사를 인식할 뿐만 아니라 새로운 미디어 형태와 장애 문화의 잠재력을 찬사하는 영향력 있는 논문들로 구성됐다. 우리는 홀러의 연구에 광범위하게 의지하고 있다. 왜냐하면 그녀의 연구는 단지 미디어가 장애를 묘사하는 제한된 방법으로서만이 아니라 다양한 대표성을 제공할 수 있는 미디어의 잠재력에 대한 훌륭한 논거를 제시했기 때문이다.

장애와 미디어에 관해 주목할 만한 다른 도서 2권은 우리 중 한 명이 쓴 것이다. 케이티 엘리스(Katie Ellis)의《장애와 대중문화》(Ellis, 2015)와 그녀가 공저한 책《장애인, 비만과 노화》도 유용하게 사용됐다.

새로운 미디어와 기술의 영역에서 많은 노력이 연구, 비평, 정책, 실천, 디자인으로 전달됐다. 우리는 이 분야의 다른 학자들과 함께 2권의 주요 도서를 완성했다. 케이티 엘리스(Katie Ellis)와 마이크 켄트(Mike Kent)의《장애와 뉴 미디어》는 새로운 미디어와 접근성 및 설계에 대한 질문에 초점을 맞추고 있고, 이 책은 새로운 미디어 기술이 장애인을 해방시키기보다 낙인을 찍는다고 밝힌 제라드 고긴(Gerard Goggin)과 크리스토퍼 뉴웰(Christopher Newell)의 2003년도 연구 결과를 토대로 했다.《뉴 미디어에서 장애에 대한 사회적 구성》(Goggin and Newell, 2003a)은 우리의 이전 작업 및 장애와 기술에 대해 연구하는 다른 학자들의 중요한 관심사를 다룰 뿐만 아니라 참여와 대표성을 탐구했고, 예를 들어, 신구 미디어, 상업, 공공 서비스 및 지역 사회, 대안 및 비상식, 공식 및 비공식적인 미디어에 대한 일반적인 소개를 제공했다.

우리는 이 책에서 총체적인 시각으로 장애와 미디어를 다루는 개론서를 만들어 앞에서 지적한 장애와 미디어 관련 연구의 학술적 공백을 보완하고자 한다. 장애와 미디어의 특정 양상을 다룬 서적, 학술 논문, 정책 보고서

등은 이미 존재해 왔다. 물론 이러한 출간물들이 여러 면에서 소중하고 활용 가능하다는 점에는 동의하지만, 장애와 미디어에 관한 더 많은 현상들이 간과된 면이 있다는 점은 부정할 수 없다. 우리는 이 책에서 이러한 문제점들을 통합적이고 접근 가능한 방식으로 소개하고 다루도록 노력할 것이다.

## 본서의 개요

우리는 장애와 미디어에 관한 간결하면서도 총체적인 설명을 제시함으로써 이 책의 주요 분야인 참여, 접근, 재현과 사회적 통합 및 배제의 잠재성에 대한 로드맵을 제공하고자 한다.

제2장 '장애와 미디어 이해하기'는 문화, 장애, 미디어를 탐색하고 그 교차점을 중점적으로 다룬다. 이 장은 장애의 사회적, 의료적, 문화적 모델을 정의함으로써 기초를 다진다. 제3장 '장애 속 미디어의 역할'은 우선 접근 (access)에 대한 질문을 시작으로 장애 이론과 미디어를 다룬다. 우리는 시각 장애인을 위한 라디오, 청각 장애인을 위한 자막 TV와 같이 다른 형태의 미디어 중요성을 고찰한다. 실례로 점자 능력은 미디어 접근 이슈로 재구성된다. 이 장은 마지막으로 구 미디어의 과거를 답습할지에 관한 여부를 파악하기 위해서 디지털 텔레비전, 인터넷 기술과 같은 신기술을 고민한다.

우리는 접근에 대한 질문을 시작으로 제4장 '장애 관련 뉴스'에서 중요한 재현의 주제로 넘어간다. 우리는 미디어 시청자, 소비자 또는 이용자로서 장애인들이 미디어 형식, 언어, 서사, 관습, 프로그램에 의해 어떻게 사유되는지를 알아본다. 뉴스 사례는 장애 재현을 평가할 수 있는 탁월한 지점이 된다. 이런 사례들은 다양한 영역의 미디어 형태에서 쉽게 찾아볼 수 있는 고정 관념, 신화 그리고 장애 이미지를 드러내기 때문이다. 장애가 뉴스로 간주되는 상황에서 어떻게 다뤄지는가를 분석한다. 구체적으로, 기자들과 언론인들이 어떻게 장애를 언급하고, 미디어 관계자들이 어떤 방식으로 장애인을 포함한 장애 관련 취재원, 유명 인사, 피해자와 상호 작용하는지 면밀하게 살펴본다. 우리는 장애 관련 보도에서 인지된 문제점들과 제기된 쟁점들을 다루는 지침들을 살펴보며 윤리, 책임, 객관성 및 진실성에 대한 질문들을 어떻게 재구성할지 모색할 것이다. 이 장에서 정치 보도, 시사, 현안, 보건과 과학 뉴스, 스포츠 미디어에서 발췌된 미디어 속 장애에 관한 각종 사례 연구들이 중점적으로 다뤄질 것이다.

제5장 '장애 방송을 넘어'는 장애 재현 관련 논의를 이어 가며 그것을 일반 TV 매체에 세부적으로 적용할 것이다. 제5장은 방송 TV의 다양한 형식과 프로그램에서 장애가 어떠한 양상으로 묘사되는지 다양한 TV 장르에 기반한 여러 사례를 조사할 것이다. 우리는 정상성에 관한 협소한 사고에 긍정적 영향을 주고 변화의 전망에 신호탄을 알리기 위해 이러한 TV 형식과 프로그램에서 장애 재현 방식을 살펴볼 것이다. 또한 우리는 다양한 장애 재현의 긍정성을 고찰할 것이다. 제5장 종결부는 일부 소수 장애 캐릭터들, 장애인 배우들, 장애 주제들과 장애 인식 개선 교육 등을 형식적으로 포함시키는 현 미디어 지형 속에서, 빠르게 성장하는 '장애 문화'라는 새로운 사유 및 실천과 혁신적인 프로그램들이 집중적으로 다뤄진다. 비록 주류 미디어 산업의 변화가 더딘 현실 속에서도 여러 공동체들이 현저한 변화의 사례들을 생산하고 있다는 것은 주목할 만하다. 제6장 '장애와 미디어 노동'은 장애인 개인과 집단들이 디지털 미디어 등 비공식적인 미디어 수단들을 사용해 새로운 유형의 공적 영역들을 창출하고, 기회를 얻는 방식을 소개하며, 미래 미디어의 혁신과 전망을 고찰한다.

이 책의 결론인 '장애와 미디어로의 역량 발휘'에서 우리는 미디어의 역할과 책무에 대한 오래된 질문이 장애를 통해 민주 사회가 강화될 수 있는 균형, 객관성, 정확한 정보, 적절한 서사 및 사유와 직접적으로 연계된다고 주장한다. 장애와 미디어에 관한 비판적 이해는 우리로 하여금 미디어의 장애 재현이 얼마나 규범적이고, 상대방에 대한 우리의 관계가 얼마나 영향력이 있는지, 정상성은 무엇인지, 사회가 어떻게 구성되는지 비평적으로 가늠하게 한다. 우리는 이러한 이해를 통해 미디어 다양성과 그 의미에 대한 심화된 사유를 촉구한다.

# 제2장

## 장애와 미디어
## 이해하기

최근 장애에 대한 이해가 크게 변하고 있다. 우리가 제1장(서론)에서 요약했듯이, 장애에 대한 새로운 '사회적 허락' 뒤에는 일상생활에서 수용된 삶의 한 부분으로서 장애 논의 대두를 위시한 다음과 같은 다양한 이유들이 있다. 사회적, 문화적, 정치적 현상으로서 장애에 대한 폭넓은 인정, 다수 국가에 의한 장애의 적극적 수용, UN을 통한 협력 측면에서 장애를 핵심 인권 문제로 이해하고 노력한 것을 들 수 있다. 추가적으로 장애와 미디어에 대한 중대한 변화를 들 수 있다. 현대 사회에서 미디어는 우리가 학습하고, 경험하고, 논쟁하고 우리의 세계에서 통제되는 주요한 방식이라고 할 수 있다. 또한 미디어는 우리가 장애를 접하는 주요 지점이자 장애가 영향받고 지배당하는 주요 도구가 된다. 사회의 힘은 미디어를 변화시킨다. 반대로 미디어는 특히 장애의 영역 안에서 사회에 강력한 영향력을 행사한다.

미디어와 장애의 양방향 흐름을 이해하기 위한 필수적인 배경과 개념을 제공하기 위해 우리는 이 장에서 두 가지 중요한 사실을 설명한다. 첫째,

우리는 독자에게 장애의 사회·문화적 기본을 이해시키기 위해 비평장애학(critical disability studies)의 개요를 제공한다. 장애에 대한 보다 심층적인 탐색을 희망하는 독자들은 댄 구들리(Dan Goodley)의 《장애학: 간학문적 소개(Disability Studies: An Interdisciplinary Introduction)》(2011), 레나드 데이비스(Lennard Davis)의 《장애학 논집(Disability Studies Reader)》(Davis, 2013), 또는 《루트리지 장애학 핸드북(The Routledge Handbook of Disability Studies)》(Watson, Roulstone and Thomas, 2012)와 같은 장애 연구나 이론에 대한 훌륭한 개론서를 공부하고 싶어 할 수도 있다. 반대로 장애의 중요한 영역으로서 미디어를 이해하는 데 필요한 주요 관점에 초점을 맞추고 싶어 할 수도 있다. 둘째, 장애에 대한 사회적, 문화적 역학의 중요성을 이해하기 위해 우리는 미디어가 어디에 속해야 하는지 논의한다. 특히, 우리는 현대 문화에서 미디어의 중심적 위치 때문에 중요해진 장애 운동과 장애학에서 주요한 관심사인 미디어의 출현을 논의한다.

## 장애 의료 모델의 축출

우리는 제1장에서 장애학이 영국의 '사회적 모델 형태' 혹은 좀 더 넓은 의미에서 장애에 대한 사회적 접근이 이루어졌는지에 상관없이 장애에 대한 사회적 접근 개념이 지지를 얻었다고 기술한 바 있다. 장애에 대한 사회적 접근은 법률, 정책, 교육에서부터 사회적 업무와 커뮤니케이션 개발, 보건과 의학, 장애 서비스, 재활에 이르기까지 다수의 다양한 환경에서 찾아볼 수 있다. 장애에 대한 사회적 접근은 주류 보건과 의학에서도 인정을 받고 있는데, 우리가 지적한 바와 같이, 장애에 대한 사회적 접근은 세계보건

기구(WHO)의 획기적인 세계장애보고서(World Health Organization, 2011)에서 그 영향력이 입증되기도 했다.

다수 학자들과 활동가들이 논의했듯이 장애에 대한 사회적 접근은 그들 자신의 한계와 문제점도 지니고 있다. 그러나 많은 면에서 그들은 장애가 어떻게 수용되는지 주요한 개혁적 진보를 제공한다. 이러한 진전에도 불구하고, 대부분의 보건 의료계에서 장애가 불능으로 틀 지어지는 것들을 바라보는 것이 실망스럽기도 하다. 그러나 우리가 반드시 직시해야 할 부분이기도 하다. 우리는 제1장에서 장애를 바라보는 두 가지 지배적인 방식, 도덕적 모델과 의료적 모델을 소개했다. 댄 구들리(Dan Goodley, 2011) 외 다양한 분야의 다수 학자들이 지적했듯이, 도덕적 모델은 고대에 깊은 뿌리를 두고 있고, 여전히 우리의 삶과 장애의 위치에 상당한 영향력을 갖는다. 도덕성에 대한 질문은 매체에서 상당한 의미를 갖지만 완전하거나 생산적으로 접근하는 경우가 많지 않다. 이 분야의 드문 예로 (Boltanski, 1999), (Silverstone, 2007), (Tester, 2001) 등이 있다. 하지만 현대 사회 특히, 미디어에서 장애를 이해함에 있어 가장 지배적인 의료적 모델은 몇 가지 설명이 필요하다.

장애의 의료적 (또는 생의학) 모델은 무엇인가? 장애의 의료적 모델은 환경적, 사회적 요인을 무시하고 주로 장애의 생물학적, 의학적인 원인에 초점을 맞추고 있다. 의료적 모델에서 장애는 신체적 원인이 있는 질병으로 다루어진다. 따라서 이는 치유되거나 치료 관리되어야 하는 대상이다. 즉, 장애의 근본적인 원인이 제거되면 장애 그 자체도 사라진다고 간주된다. 건강은 생의학 모델(biomedical model)에서 질병, 부상 또는 결함이 없는 상태로 규정된다. 사실, 장애에 대한 지엽적인 의료적 접근법은 '결함' 모델로서 작동돼 왔다. 예전에 사이먼 브리센덴(Simon Brisenden)이 논평했듯이, 우리는 장애를 생활 경험으로서 이해할 필요가 있다.

아무리 확실한 의료적 치료가 필요할 경우라도 우리는 의료적 '사실' 이상의 것들을 생각해야 한다. 왜냐하면 생의학 모델 관계자들이 치료의 형태뿐만 아니라(치료가 적절하다면), 우연히 장애를 갖게 된 사람의 삶 형태도 결정하기 때문이다(Brisenden, 1986: 173).

의료적 모델은 개인의 상황과 환경이 공공 생활 참여 능력에 영향을 미친다는 점은 고려하지 않고 개인의 손상된 신체 내에서만 장애의 문제를 찾았다는 비판을 받아 왔다. 의료적 모델의 결과로 인해, 사람들은 종종 의료적 의미의 장애로 식별되거나 언급되곤 한다. 또한 의료적 모델은 사회적 태도, 배제, 차별, 빈곤 또는 불능화 시스템이 장애에 미치는 영향을 무시하거나 간과하게 만들기도 한다.

의료적 모델의 부정확하고 해로운 특성에 대한 인식은 1960년대 중반 이후 더욱 가속화됐다. 의료적 모델에 대해 가장 잘 알려진 비판은 '사상 실험'이다. 이것은 위대한 장애 운동가이자 사상가 중 한 명인 남아공 출신 이주자 빅 핀켈슈타인(Vic Finkelstein)이 착안한 장애인들이 살고 있는 마을과 관련된 우화다. 핀켈슈타인은 휠체어를 탄 장애인들이 주류가 되어 운영하는 마을을 가정했다. 장애인들은 자신의 생각으로 자신들이 건설한 환경과 사회를 창조했다. 예를 들어, 건축가들이 장애인 마을 주택의 지붕을 낮게 건설한다. 낮은 지붕이 비장애인들의 머리를 계속 부딪치게 만들어 상처를 입히는 반전 효과를 노린 것이다. 슬프지만 비장애 소수자들은 다수의 장애를 가진 의사나 전문가에게 맞추기 위해 '특수 장치'가 필요하다. 만약 그렇게 하지 않는다면 그들은 이 사회에서 제대로 기능적이고 유기적인 활동을 할 수 없다. '비정상'적인 비장애인들은 낮은 지붕이란 규범에 맞추기 위해 그들을 위한 편의 시설과 장치를 필요로 했다.

'장애 마을' 사례는 사회를 재사유하고 재설계해 배제의 장벽과 체계가 제거될 수 있다는 가능성을 우리에게 시사한다. 마찬가지로, 휠체어 사용자인 학생이 강의실, 자습실, 도서관에 편히 접근할 수 있다면 대학에서 쉽게 공부할 수 있을 것이다. 시각 장애를 가진 누군가는 이제 책과 언론 기사에 접속할 수 있고, 웹을 검색하고, 페이스북(facebook)에서 그들의 일상을 업데이트하고, 게시글 등을 쓰고 제출할 수 있을 것이다.

핀켈슈타인의 장애 마을은 장애에 대한 '사회적 모델'을 뒷받침하는 핵심 사고들을 간단히 요약한 것이다. 영국의 다양한 장애 운동가와 이론가에 의해 착안되었고, 콜린 반스(Barnes and Mercer, 2010)와 마이클 올리버(Oliver, 1990; Oliver and Barnes, 2012)의 연구에서 더욱 정교하게 제시된 사회적 모델은 주류의 이해와 접근 방식을 장애로 전환하는 데 큰 영향을 미쳤다. 장애의 사회적 모델은 특히 사회가 사람들을 무력화시키는 장벽을 이해하는 데 유용하다. 그럼에도 불구하고, 사회적 모델은 보다 심도 있는 차원에서 사회적, 문화적, 신체적, 경험적으로 장애를 다루지 못했다고 비판받아 왔다. 특히, 1990년대와 2000년대에 사회적 모델에 대한 논쟁이 심화됐다(Barnes, Oliver and Barton, 2002; Shakespeare, 2006; Oliver and Barnes, 2012). 현재는 다원주의적 견해를 갖는 것이 학자들의 중론이다. 이에 따라 장애를 가진 것으로 간주되는 사람들을 억압하고 배제하는 인간의 몸, 마음, 자아, 사회 그리고 그들의 환경 사이의 관계 포착을 시도하는 다양한 사상 학파들이 생겨났다(Siebers, 2008; Goodley, Hughes and Davis, 2012; Bolt, 2014; Swain et al., 2014)

특히, 장애 정책, 실천, 서비스 제공, 인권, 행동주의에 대한 많은 학자들의 연구는 엄중한 검증이 필요하다. 차별적이고 불공정하며 배제적인 실천과 장애 구조들의 원인 중 하나가 이러한 연구들에 있다. 우리를 포함한 많은 사람들은 장애 영역에서 변화의 바람이 광범위하게 일어났음에도 불구하고, 왜 현실은 변화가 그렇게 더딘지 곤혹스러워할 것이다. '장애 불평등'이라고 간주되는 장애 차별과 비장애중심주의(ableism)는 깊게 뿌리 박힌 정치적, 사회적, 경제적, 심리적인 기반을 가지고 있다(Campbell, 2009; Watermeyer, 2012; Goodley, 2014). 무엇보다도 장애 차별, 배제, 불평등은 여전히 우리 생활 속에서 끊임없이 일어나고 있다. 왜냐하면 그것들은 우리 문화 속 깊이 스며들어 있기 때문이다.

우리는 다름의 측면에서 장애의 문화적인 면을 볼 수 있다. '다른 능력을 가진 자(difficiently-abled)'라는 용어의 핵심은 장애인이 능력이 있는지 혹은 없는지 보유 여부에 관심을 두는 것이 아니다(Silverstone, 2007; Coleman and Ross, 2010). 그것은 사람들이 서로 다름에 대해 어떻게 대처하는지 우리 자신에게 달려 있다는 점을 상기시켜 주는 것이다. '다른 능력을 가진 자'라는 용어는 장애와 차별의 상황을 제거하기를 희망한다. 대부분의 사회에서 사람들은 당연히 더 오래 살고, 건강하며, 원하는 모든 것을 할 수 있기를 바란다! 장애에 대한 사람들의 태도는 죽음, 몸과 마음의 한계에 대한 두려움을 대처하고 해결하는 방식이라고 이해할 수 있다. 흔히 '장애인이 되기보다 차라리 죽는 편이 낫다'는 언어 표현은 다운증후군과 같은 선천적 손상을 가진 태아들을 낙태시키는 것과 직결된다. 다름을 이해하는 것은 매우 중요한 것이지만 장애에 대한 전체 논의에서 극히 일부분에 속한다. 우리는 좀 더 심도 있는 수준에서 장애학자 톰 셰익스피어(Tom Shakespeare, 1994)가 언급한 '부정의 쓰레기통(dustbin of disavowal)' 개념을 통해 장애가 사회에서 어떻게 작동되는지 이해할 필요가 있다. 이 개념은 인간 비방의 공포와 투영의 상당 부분을 전달하는 '추악한 난쟁이'와 같은 모욕적인 발언을 이해하는 데 도움이 될 것이다. 이때, 우리는 비방과 중상모략의 문화를 굳이 언급할 필요조차 없다.

이러한 관점에서 볼 때 장애의 의미가 우리의 삶에 깊은 함의를 가지고 있다는 것은 명백하다. 타운센드(Townsend)는 그의 저서에서 자신이 비판한 영국 사회의 왜곡된 구조에 대한 절망감을 다음과 같이 표현했다.

성취, 생산성, 활력, 건강, 젊음은 극도로 추앙된다. 무능력, 비생산성, 지체함, 노령은 암묵적으로 경시되고 개탄스러운 것으로 여겨진다. 그러한 가치 체계는 정교한 사회 계층을 형성하고 강화시킨다. 이 체계 안에서 장애인들은 영구적 피해자로 규정되고, 젊은 경영자 집단은 영구적 수혜자로 규정된다(Townsend, 1966: 2).

이러한 근본적인 불균형은 타운센드에게 큰 시사와 함의를 던져 주었다.

제기된 질문은 간단하지 않다. 그것은 깊이와 폭이 넓다. 사회 개혁을 요구하지 않고 전 국민의 새로운 태도를 교육하지 않은 상태에서 장애인의 실익을 확보하는 것이 가능한가(Townsend, 1966: 2)?

예전이나 지금이나 장애는 '정상'이라는 것을 정의하고 집행하는 데 있어 중요한 역할을 한다 - 미디어도 정상성 정의 및 집행과 관련하여 중요한 역할을 한다.

## 미디어와 장애에 관한 초기 저술들

미디어와 장애에 대한 초기 연구, 1960년대 중반부터 우리는 점점 더 많은 활동가, 예술가, 지도자, 사상가, 학자들이 장애에 관한 중요한 작품 및 연구 등을 완성하고, 고정 관념에 도전하며, 새로운 시각을 열어 가는 것을 지켜보고 있다. 이러한 성과들은 대부분 기본 바탕이 되어 장애를 이해하는 데 있어서 풍부한 자원으로 남아 있다. 그러나 이 시기는 미디어와 장애에 관한 학술 논문과 연구가 명확하고 체계적인 상태로 존재하지 않았다. 1980년대 이르러 비로소 많은 이론가들과 활동가들은 미디어에서 드러나는 다양한 유형의 불능적(disabling) 아이디어, 이미지, 고정 관념을 구체적으로 밝힌 연구물들을 생산했다.

장애와 미디어 연구의 필요성은 1985년 미국 출신 사회학자 어빙 케네스 졸라(Irving Kenneth Zola)의 선구자적인 연구에서 잘 나타나 있다. 그의 학술 논문명 '미디어 속 장애의 은유, 메시지, 매체에 대한 기술들(Depictions of Disability Metaphor, Message, and Medium in the Media: A Research and Political Agenda)'(Zola, 1985)에서 알 수 있듯이, 졸라는 미디어를 장애와 사회에 강력한 영향력을 미치는 도구로 보았다. 졸라의 후속 연구에서 언급됐듯이, 미디어는 사람들의 마음에 영향력을 행사하기 때문에 주요 사회 기관 및 제도가 될 수밖에 없다.

> 사회 기관 및 제도의 힘은 공식 권력을 소유함에 있는 것이 아니라, 사람들의 마음에 영향력을 행사하는 데 있다. 따라서 병원 안팎에서 의료적 기관 및 제도를 접한 사람들은 그들 자신과 타인들을 질병과 장애의 관점에서 생각하기 십상이다. 이러한 상

황을 바꾸기 위한 첫 번째 단계는 국민 스스로가 그러한 이미지와 그러한 기관에 의문을 제기하는 데서 시작하는 것이다(Zola, 1989: 421).

졸라가 요구한 합리적 의문 제기, 비판 작업에 대한 반응은 빠른 속도로 나타났다.《장애, 불능화된 이미지(Disabled, Disabling Images)》(Gartner and Joe, 1986)라는 졸라의 1986년도 편집 도서는 미디어를 포함한 다양한 문화 형태에 걸쳐 나타나는 장애 이미지를 연구한 논문들로 구성돼 있다. 수록 논문들은 장애가 문학, 미디어, 교육 등의 다양한 문화 형태, 형식, 제도와 어떻게 상호 작용 하는지 예증한다. 졸라의 후속 연구로 텔레비전과 영화(Klobas, 1988)의 장애 이미지를 다루는 E. 클로바스(E. Klobas)의 연구가 1988년에 발간됐다. 클로바스의 연구에서 장애 재현의 포괄적이고 체계적인 목록들이 작성됨으로써, 반복적인 특성과 고정 관념을 파악하는 것이 가능해 졌으며, 장애인에게 미치는 부정적인 영향에 대한 가설도 세워졌다.

1992년 콜린 반스(Colin Barnes)는 미디어와 장애를 체계적으로 다룬 첫 번째 연구물을 발표했다 – 이 도서에서 미디어 개혁에 대한 의제가 포함됐다는 점은 주목할 만하다. 반스는 장애에 관한 많은 영향력 있는 생각들과 지배적인 언론들을 예상하면서 다음과 같은 결론을 내렸다.

책, 영화, 텔레비전, 언론에서 장애인을 의료화, 동정 및 연민화, 범죄화, 비인간화시키는 불능적인 고정 관념들이 가득 차 있다. 고정 관념들은 장애인에 대한 태도, 가정, 기대에 기반을 두고 있다. 그것들은 장애인들이 매일 접하는 차별과 착취의 근간이 되며, 장애인들이 주류 공동체 생활에서 체계적으로 배제되는 것에 크게 기여한다. 최근 미디어의 일부 요소들이 이 상황을 치유하고 장애인들을 '정상화'시키려는 시도는 문제를 근본적으로 해결할 수 없을 것이라는 점도 분명해 보인다(Barnes, 1992: 19).

이와 관련하여 반스는 해결점을 제시한다. 그의 해결책은 모든 미디어 조직에서 '장애 경험의 복잡성과 장애 정체성을 파악하고 탐구하는' 필요한 정보와 이미지를 제공해야 한다… 그것들은 모든 장애인들이 지역 사회의 주류 경제 및 사회생활에 의미 있는 통합을 하도록 촉진시킨다(Barnes, 1992). 이를 위해 반스는 재현, 교육 및 훈련, 자문 기구(방송사, 신문사, 광고주가 조언을 구할 수 있는 곳)와 언론에서 장애인을 묘사하는 것에 관한 윤리 강령을 제시했다. 반스는 다음과 같이 제언했다.

장애에 대한 기업의 무지는 미디어 조직이 장애인에 대해 모든 점을 제대로 묘사해 줄 때 완화될 수 있다. 매일 장애를 경험하는 사람들은 텔레비전이나 다른 미디어에서 그들이 어떻게 묘사되는지에 대해 거의 또는 전혀 발언권이 없기 때문에 방송인, 신문, 광고주들은 장애인에 대해 이해하고 이들을 고용하도록 권장받아야 한다(Barnes, 1992: 19).

변화가 가속화되고 있다. 미국에서 중요한 저서 한 권이 발간됐다. 넬슨(Jack A. Nelson)의 《장애인, 미디어와 정보 시대(The Disabled, the Media, and the Information Age)》(Nelson, 2004)이다. 넬슨의 저서는 미디어의 이미지와 재현뿐만 아니라 미디어 관련 노동 현장의 사례들, 장애인들을 위한 직업으로서 저널리즘에 대한 논의, 그리고 기술, 미디어, 장애에 관한 논문들을 다뤘다.

이 시기에 특히, 텔레비전과 영화 등 특정 매체와 관련된 다수의 장애 연구도 등장했다.

1992년 영국 텔레비전에서 나타나는 장애에 대한 첫 번째 포괄적인 연구가 발표됐다. 그것은 가이 컴버배치와 랠프 네그린의《텔레비전 장애 이미지(Cumberbatch and Negrine, 1992)》이다. 컴버배치와 네그린의 연구 결과에 따르면,

> 영국 텔레비전에서 장애를 가진 사람들을 묘사하는 것은 정말로 부적절하고 부정확하다. 방송국 관계자들은 장애인을 표현할 때, 더 주의를 기울여 고민해야 한다. 이제는 인구의 상당 부분을 차지하는 장애인을 부적절하게 표현하여 제기된 문제를 처리하기 위해 긍정적인 노력을 기울여야 한다(Cumberbatch and Negrine, 1992: 2).

지난 20년 동안 장애와 텔레비전에서 매우 중요하고 의미 있는 발전이 있었다. 물론, 제인 산초(Jane Sancho)의 영국 연구와 같은 주목할 만한 보고서도 있었지만, 장애와 텔레비전에 대한 후속 또는 그에 따른 책은 없었다(Sancho, 2003). 마찬가지로, 영화 (그리고 문학 및 예술에서의 장애에 대한 다양한 연구)를 제외한 다른 미디어 형태에서 장애 연구에 대한 서적은 매우 드물었다. 그로부터 10년 뒤인 1997년에 앤 포인턴과 크리스 데이비스의《미디어 속 장애 지적하기(Pointing Disability in the Media)》가 발간됐다. 이 도서는 공동체 텔레비전, 영화, 장애 예술, 음악을 포함한 다양한 미디어와 문화의 형태를 탐구했다. 미디어와 장애 분야의 진정한 발전은 문학, 영화, 역사학 등의 분야에서 비롯됐다고 해도 과언이 아니다.

아마도 20세기가 시작되면서, 영화는 그 특유의 문화적 핵심성 때문에 장애 탐색을 위한 중요한 문화 영역이 됐다고 볼 수 있다. 마틴 F. 노든의 1994년 도서《고립의 영화》는 그 분야에서 영향력 있는 첫 연구로 여겨진다.

> 주류 영화 산업의 왜곡된 사회적 이미지를 만들고자 하는 집착
> 에 대해 제대로 자각하지 못한 사람들은 이러한 분열적 행동이
> 억압된 다른 사회적 하위 그룹에 대한 묘사만큼이나 신체적 장
> 애를 가진 사람들의 묘사까지 확대되었다는 사실에 놀랄 것이다
> (Norden, 1994: 1.)

노든은 할리우드 영화계에서 두드러지게 나타나는 공통점을 발견했다. 즉, '대부분의 영화들은 장애 인물들을 비장애 동료들로부터 격리시키는 경향'이 있었다. 따라서 장애인과 비장애인은 서로 분리될 수밖에 없었다 (Norden, 1994: 1). 영국의 학자이자 비평가인 폴 다케(Paul Darke)는 영화와 장애에 대한 연구의 또 다른 선구자적인 인물이었다. 그는 미디어와 장애에 관한 중요한 논문을 더 많이 발표했다(Darke, 1994, 1998, 1999, 2004). 그 이후 다양한 연구들은 우리가 영화와 장애 사이의 상호 관계에 대한 이해를 실질적으로 더해 주었고(Smit and Enns, 2001), 장애와 영화에서 우리가 발견하는 '문제의 본질'에 대한 질문도 포함시켰다(Chivers and Markotic, 2010). 학자들은 공포와 장애, 우생학 등 특정 장르의 문화적 연관성을 탐색해 왔다(스미스, 2012). 연구자들은 현대 스페인 영화(Marr, 2013)나 1990년대의 호주 영화(Ellis, 2008)와 같은 내셔널 시네마(National Cinema) 차원에서 장애를 논의해 왔다. 우리는 영화 속 연령, 장애(Chivers, 2011; Marr, 2013) 또는 다양성을 논의하며 연구를 진행해 왔다(Ellis, 2008; Cheu, 2013; Mojk, 2013). 장애와 영화

에 대한 이 풍부한 연구는 미디어가 장애를 형성하는 방식을 이해하기 위해 우리가 훨씬 더 활발하게 연구를 해야 할 필요가 있다는 사실을 강조한다. 다시 말하면, 장애가 매개되는 방식에 대해 좀 더 알아야 될 필요가 있다는 것이다.


## 장애에 대한 미디어의 접근

오늘날 장애 분야의 급속한 발전을 고려할 때, 1) 장애 사고와 논쟁, 2) 미디어의 작동, 3) 미디어와 커뮤니케이션 연구라는 세 가지 상호 관련성 사이에 단절이 남아 있다는 것은 놀라운 일이다. 1990년대 중후반에 대두된 일부 중요한 영역에서 명백하게 드러난 언론과 장애 관련 문제를 실제로 생각하고 기술하는 데 어려움이 존재한다.

해결책 중 하나는 언론에서 장애 지침서가 광범위하게 사용되고 있다는 것이다. 장애 옹호자, 언론 위원회 및 규제 기관, 언론 기관들은 장애에 대해 무감각하고 부정확한 보고에 대한 비판과 그에 따른 대중의 우려에 대응하여 장애에 대한 보고와 언론 표현을 위한 가이드라인을 공식화했다. 뉴스와 장애에 대해 제4장에서 더 자세히 논의하겠다. 비록 현 시점에서 장애 지침서가 좋은 의도와 미디어 산업에 대한 지식을 바탕으로 만들어졌다고 하지만 가이드라인이 기계적으로 적용되고 있다는 사실은 지적하지 않을 수 없다.

장애와 미디어에 대한 또 다른 고전적인 반응은 '긍정적인' 표현에 대한 욕망이다. 즉, 미디어에서 장애를 가진 사람들을 포함하고 긍정적으로 수용하려는 시도는 압도적으로 부정적인 묘사들을 균형 있게 다루고 대응하려는 것이다. 장애에 대한 긍정적인 묘사에 대해 이런 유형의 욕망은 전적으로 이해할 수 있고, 실제로도 매우 중요하다. 미디어가 사회에서 '악'의 역할을 수행했던 장애인들의 역사를 알리고 현실에 대한 장애의 긍정적인 이야기들을 하는 것에 지지한다. 여기서 미디어는 장애를 두렵고, 오해되고, 악의에 차 있으며, 빈번하게 학대당하고, 폭력으로 대해야 하는 불쾌한 조건이라는 것을 전달하는 매우 부적절한 역할을 수행해 왔다. 비록 장애 묘사에 있어서 미디어의 부정적인 역할을 인정하면서도, 장애에 대한 긍정적인 이야기만을 권장하고 대부분 수용하는 것을 이해하는 것도 현실적인 어려움이 있다. 장애에 대한 미담과 '좋은 뉴스'에 대한 이야기가 가능하겠지만, 장애를 단순히 긍정적으로만 이야기는 것은 궁극적으로 거짓이고 왜곡되며 지속 가능하지 않다. 비교하자면, 다른 소수자 집단에 대한 수정주의적 시도와 같은 긍정적 재현 논쟁이 좋은 예다. 여성주의에 대한 미디어 개입, 주변화, 억압된 또는 소수 집단에 대한 광범위한 연구와 실천들을 예로 들 수 있다.

이러한 장애와 미디어 난국에 대한 좋은 예는 호주의 영화 제작자 마이클 누난(Michael Noonan)의 논쟁적인 사례에서 찾을 수 있다. 그는 박사학위 논문 프로젝트의 첫 번째 과제로《장애인을 조롱하다(Laughing at the Disabled)》라는 제목의 영화를 만들었다. 지적 장애를 가진 배우들과 그들을 지원하는 장애 서비스 제공자들과 공동 작업한 이 작품에서 누난(Noonan)의 주제는 유머를 통해 장애 고정 관념을 조소하는 것이었다. 누난은《장애인과 함께 웃다》와《신비한 호주 여행으로(Downunder Mystery Tour)》라는 후속 작품에서 또 다른 논란의 중심이 되었다. 이에 대해 수많은 언론 보도가 있었다. 장애 옹호 국제 단체, 장애 지도자들, 장애인들은 작품을 보지 않은 채 누난의 프로젝트에 대해 비난하고 항의했다. 장애인을 비웃는 것에 반대했던 사람들은 그것이 지적 장애를 가진 사람들에 대한 공격적인 고정 관넘에 기인한다고 느꼈다. 특히, 장애가 없는 누군가가(비장애인 누난) 장애인에 대한 영화를 만들었다는 것이 바로 명백한 사실임을 방증한다고 보았다(Goggin, 2010).

《장애와 유머》에 대한 논란은 여전히 진행 중이다. 그러나 언론인, 작가, 예술가, 그리고 장애인으로 식별되는 다른 사람들이 제작한 미디어가 장애에 대해 부정적이고, 부적절하며, 불쾌한 표현을 하고 있다는 질문을 받은 예는 많다. 이러한 서로 다른 논란의 결과는 '긍정적인' 의미에서 다른 표현일 수도 있고, '정치적 올바름(political correctness)'에 대한 장애 비판을 하는 것이 실질적으로 한계를 가지고 있다는 것을 보여 준다. 대신에 우리는 '부정적' 표현과 '긍정적' 표현을 비교하기보다는 다른 방식의 접근법과 자원을 지적할 것이다. 우리는 예를 들어 가며, 장애 예술에서부터 예술적 실험, 문화 혁신 그리고 다양한 이야기들을 장려하는 점이 중요하다는 것을 지적할 것이다. 우리는 서사적 접근, 구전과 공동체 역사, 디지털 스토리텔링과 같은 최근의 발전으로부터 각 개인과 특정 지역 사회의 이야기를 인정할 필요가 있다는 점을 강조할 것이다. 장애 중심의 예술적 표현 및 재현들은 장애에 대한 사회적 태도를 변화시키기 위한 저장소 역할을 한다. 그러나 미첼(David Mitchell)과 스나이더(Sharon Snyder)는《재현의 필요성과 그 불만족》에 관한 논평에서 다음과 같이 주장한다:

> 재현은 필연적으로 불만을 불러일으킨다. 모든 표현(예술 또는 다큐멘터리)물에서 캐릭터와 행위는 독자 또는 시청자들에게 더 큰 개념, 경험, 그리고 더 많은 사람들과 연결되도록 장려한다. 재현하려는 노력은 필연적으로 정치적인 것으로 가득 차 있다. '부정적인 표현'에 대한 장애 역할 문제는 대단히 복잡하다… 이전

세대의 해석가가 '인간적'이라고 봤던 것이 그 다음 세대의 해석가에 의해 도전받을 수 있다(Mitchell and Snyder, 2000: 40-41).

재현의 함정을 인식하고 관심 갖는 것은 학생, 연구자, 미디어 소비자 및 제작자 모두에게 매우 중요한 일이다. 그것은 장애를 단순히 '긍정적인' 이미지 대 '부정적인' 이미지의 이분법으로 받아들이는 것을 넘어서게 만들기 때문이다. 또 다른 차원에서 표현의 복잡한 행동을 인정하는 것은 우리를 현대 장애의 심장부, 즉 그 위치, 재생산, 문화적 변혁으로 심화시키곤 한다.

## 문화 속 장애의 역할

장애와 미디어에 가장 핵심적인 문제는 문화, 역동성, 기능에 대한 이해의 부족이다. 장애 이야기에 대한 문화의 중요성은 한동안 의제로 다뤄져 왔다. 예를 들어, 20여 년 전, 톰 셰익스피어는 장애에 대한 유물론(또는 막스주의)적 접근법과 사회 구조에 대한 그들의 강조에 대해 비판했다. 이것은 사회 심리학과 인류학이 해석하는 '문화, 재현, 의미에 대한 질문'을 열거하는 것이라고 주장했다(Shakespeare, 1994: 283). 셰익스피어는 문화에 대한 몰이해는 손상, 특수성, 개인의 경험에 대한 이해 부족과 관련 있다고 주장했다.

사회적 모델은 재구성이 필요하다. 장애가 있는 사람들은 물질적 차별뿐만 아니라 편견에 의해서도 불구가 된다. 이러한 편견은 단순한 대인 관계가 아니라 문화적 표현, 언어, 사회화에도 내포되어 있다(Shakespeare, 1994: 296).

셰익스피어는 문화 문제를 제기한 많은 학자 중 핵심 인물이다. 1995년 편집서《장애와 문화(Disability and Culture)》는 국제적으로 재활과 손상을 연구한 두 명의 인류학자에 의해 발표됐다(Ingstad and Whyte, 1995). 인류학에서 오래전부터 문화와 언어가 불가피한 출발점이라고 본 것처럼, 이 책은 다양한 문화에 걸친 장애와 문화의 중요한 탐색을 서술하고 있다(Ingstad and Whyte, 1995). 그러나 미디어와 장애에 있어 가장 많이 주목을 받은 연구는 페이 긴스버그(Faye Ginsburg)의 선구자적인 작업이었다(Rapp and Ginsburg, 2001; 긴스버그, 2012; 긴스버그와 랩, 2013). 2000년 사회학 분야 한 편집서는 장애와 문화 문제에 대한 중요한 관점을 제시했다. 여기서 쉴라 리델(Sheila Riddell)과 닉 왓슨(Nik Whatson)은 문화는 '장애인의 억압과 해방 둘 모두의 원천이며, 장애가 정치의 중심'이라는 점을 주목하면서 문화의 정치적 관련성을 주장했다(리델과 왓슨, 2000: 1).

1990년대 후반과 2000년대까지 학자들은 장애의 문화적 차원을 탐구하고 개념화하는 다양한 방법에 관심을 가졌다. 이 흐름은 장애를 재고찰하기 위해 페미니스트적 접근과 구조적/탈구조적인 이론(코커와 셰익스피어, 2002)들에 기댄 마일리언 코커(1996, 1998년)가 포함된다. 학자들은 또한 담화(Fulcher, 1989; Shildrick, 2009)와 통치성(Tremain, 2005)과 같은 새로운 형태의 권력성(예: Tremain, 2005)에도 주목했다. 특히 장애학은 북미에서 인문학을 가로질러 중요한 연구와 이론적 움직임을 보였고, 문학 연구자들과 역사학자들에 의해 두드러지게 주도됐다. 이로 인해 장애학을 재구성하고 미디어와 커뮤니케이션 연구를 위해 풍부한 자원을 제공하는 역사적인 중요한 이론들이 쏟아져 나왔다.

이러한 연구들에서 가장 중요하고 의미 있는 사례는 미국 학자 로즈마리 갈란드 톰슨(Rosemary Garland Thomson)의 프릭(freak) 현상(Garland Thomson,

1996)에서 찾을 수 있다. 이는 우리가 제1장에서 언급한 난쟁이 논쟁에서 나타난 것과 유사하다. 갈란드 톰슨(Garland Thomson)의 유명한 미국 문화와 문학에서의 신체적 장애 연구는 어떻게 신체들이 '특별한'(보통이 아닌) 것으로 받아들여지는지 분석했다. 톰슨은 신체가 보통이 아닌 몸(extraordinary body)으로 여겨지는 것은 사실, 무엇이 정상인지 이해하고, 차이를 부정하는 방법이라고 주장한다(Garland Thomson, 1997). 톰슨이 논의했던 과거 프릭스 공연 사례, 아니면 페이스북에서 장애를 가진 사람들이 '이것과 같은' 이미지로 널리 퍼진 현 시점이건 간에 우리는 미디어와 문화에서 보통이 아닌 몸에 대한 이론화의 지속적인 중요성과 '체화된 버전을 동시에 뒷받침하는 방법'을 볼 수 있다. 즉, 규범적 정체성과 형태에 대한 설명으로 신체나 행동이 일치하지 않는 사람들을 배제한다(Garland Thomson, 1997: 7).

특히 1990년대 사회 문화 이론가들은 인종, 계급에 관한 중요한 연구와 권력과 정체성이 우리 몸을 통해 작용하는 방식에 대해 육체의 위치를 적절히 인정하고 있었다(Mitchell and Snyder). 톰슨의 고전적인 연극뿐만 아니라, 다른 중요한 연구들은 장애와 체현에 대한 우리의 이해를 더욱 정교하게 만들었다. 톰슨은 공공 문화 관련하여 장애가 수용되는 매우 분명한 방법인 노려보기(staring)에서 시각성과 신체에 대한 중요한 문제를 다뤘다(Garland Thomson, 2009). 강렬한 형태의 응시로서 여겨지는 노려보기는 장애를 일탈로 표식화하고 비장애로 간주되는 사람들 사이에서도 권력의 위치를 공고화하는 데 기여한다.

미첼과 스나이더가 주장하듯, 장애가 문화적 서사를 지배함에도 불구하고, 아직까지 그것들을 이해할 수 있는 일관성 있고 비판적인 렌즈가 부족하다는 것이다. 미첼과 스나이더는 '서사보정장치(narrative prosthesis)'에 대한 최초의 포괄적인 설명 중 하나를 제공했다. 본서 제5장의 텔레비전에 관한 논의에서 볼 수 있듯이 장애는 인공사지의 기능처럼 서사 스토리를 보정하는 역할을 한다(Mitchell and Snyder, 2000). 두 학자의 후속 연구는 장애가 문화에 어떻게 위치하는지, 그 특징이 무엇인지, 그리고 장애가 어떤 역할을 하는지 이해하는 데 초점을 맞추고 있다(Snyder and Mitchell, 2006). 장애와 관련된 광범위한 연구가 문학, 예술, 미학뿐만 아니라 음악(Lubet, 2011; Straus, 2011), 장난감(Ellis, 2010a, 2012a)과 같은 다른 문화 형태에서도 이뤄지고 있다.

인종과 탈식민지 비판 이론을 토대로 한 피오나 쿠마리 캠벨(Fiona Kumari Campbell)의 비장애중심주의(ablism)(Campbell, 2009), 로버트 맥루어(Robert McRuer, 2006)의 불구자(crip) 이론 등 문화 이론의 근간을 둔 장애 이론의 새로운 본체가 등장했다. 토빈 시버스(Tobin Siebers, 2008)의 장애 이론은 정체성과 권리의 오랜 이슈를 다루고 있으며, 댄 구들리(Goodley, 2011: 123)는 정신분석학과 문화 연구를 통해 장애가 구성됨에 있어 자아, 관계, 이데올로기가 중요하다는 것을 역설하고 있다. 이러한 이론가들은 장애가 무엇이며 어떻게 문화를 통해 지속되는지를 질문한다. 전반적으로, 위 이론가들은 장애가 억압 체계에 의해 구성되며 이러한 과정을 통해 비장애성(able-bodiedness)이 자연스럽게 규범화되는 방식을 탐색했다. 퀴어(queer) 이론이 이성애를 가시화하기 위해 사용되었듯이, 불구자(crip) 이론은 '모든 대상의 질서에 의문을 품을 수 있는 육체의 정상화를 비판할 수 있다. 이것이 어떻게 구성되고 정당화되는지, 그것이 어떻게 복잡한 경제적, 사회적, 문화적 관계에 내재되어 있는지 그리고 어떻게 변화될 수 있는지'를 고찰하게 한다(McRuer, 2006: 2).

맥루어는 '비장애(인)'를 정의할 때 (예를 들어 옥스포드 영어 사전에서) '장애로부터 분리된 자유로움'과 같은 문구가 포함되어 있다고 설명한다. 따라서 비장애성은 장애가 어떻게 가시화되느냐에 따라서 결정된다. 이런 프레임은 최근 기네스 맥주(Guinness beer) 광고에서 휠체어를 탄 한 무리의 남자들이 공격적인 농구 경기를 하는 것에서 볼 수 있다. 감동과 미담 스토리로 널리 읽히는 이 광고의 한 장면에서 1인을 제외한 나머지 휠체어 사용자들은 선술집 앞에서 갑자기 벌떡 일어나 유유히 걸어 들어간다. 이 광고는 '우리의 선택이 우리의 본성을 드러낸다'는 해설 및 문구와 함께 종결된다. 서서 걸어가는 것으로 '장애가 없다'는 것을 보여 주는 이 광고의 남성들은 비장애성으로 재현된다. 휠체어에 남겨진 한 사람(아마도 그의 유능한 동료들의 충성과 우정을 나타내기 위해)을 제외하고 나머지 모두가 떠나간다는 사실은 운동선수들의 기본 정체성이 비장애성으로 규정된다는 것을 보여 준다. 미디어와 문화에 만연되어 있는 이러한 강요적 비장애성 또는 비장애 규범성은 장애 관련 이데올로기를 감추고 있다. 불구자(crip) 이론은 비타협성을 수용하는 것이며, 강요적 비장애성을 투영하는 서사의 역사적 세부 사항을 고찰할 수 있는 기회를 제공한다(Davidson, 2010년, 비평은 Sherry, 2013 참조).

지금까지 문화의 역동성과 작동, 사회적 함의에서 장애가 차지하는 역할과 비중에 대해 논의했다. 공교롭게도, 장애는 문학, 미디어, 인류학이나 사회학과 같은 문화를 연구의 대상으로 삼는 학자들과 학문들로부터 마땅히 받아야 될 주의와 관심의 대상이 되지 못했다. 오히려 문화와 장애에 대한 문제는 장애인들의 예술적, 문화적 생산과 관련된 장애 예술 운동에서 꽃을 피웠다. 문학, 예술, 극단 공동체의 중요한 단체와 다른 종류의 문화 실천은 물론, 그에 수반되는 비판과 연구의 주 흐름은 '장애 문화'의 개념을 강조하는 데 주안점을 두는 경향이 짙었다. 간단히 말해서, 이는 장애를 가진 사람들에게 속하고 특징 짓는 독특한 문화적 관습, 의미, 정체성, 사회적 관계가 있다는 것을 의미한다. 이 주장의 강경 노선은, 장애 문화는 장애를 가진 사람들의 특정 지역 사회 또는 일반적으로 장애를 가진 사람들의 더 넓은 지역 사회와 관련이 있는 의미, 실천, 관습, 미학, 장르, 형태 및 스타일로 간주된다. 이 주장의 온건 노선은 장애 문화를 장애인들로 구성된 공동체를 사유하는 방식으로 이해한다. 장애 문화는 19세기에 부상한 민족주의와 미디어의 역할을 설명한 베네딕트 앤더슨(Benedict Anderson)의 사회적 상상(social imaginary)의 개념으로도 해석 가능하다(Anderson, 1983).

그래서 우리는 시각 장애인 문화, 청각 장애 문화(농문화), 휠체어 농구, 시각 장애인 크리켓, 장애의 성 문화(sexual culture)를 '보통 사람'으로 상정되는 비장애인의 문화와 비교, 대조하면서 말할 수 있다(McRuer and Mollow, 2012). 반면, 자폐 문화에서 나타나는 인식과 같은 다른 방식으로 손상이라고 간주되는 문화나 의료 범주와 관련된 문화는 잘 알려져 있지 않다. 장애 문화의 찬성론자들에게 장애 문화의 중요성은 소속, 의미, 정체성, 문화 역사 유산과 사회 혁신의 공간을 제공한다는 것이다. 우리는 많은 다른 나라들, 배경, 문화적 환경에 걸쳐 이런 엄청난 가능성들을 발견한다. 장애 문화는 연극, 시(Barlett, Black, Northen, 2011), 글쓰기, 춤, 공연, 예술의 풍부한 예들이 있다. 이러한 장애를 통한 문화의 재조명은 페트라 쿠퍼스(Kuppers, 2003, 2011, 2015), 캐리 산달(Carrie Sandahl)과 필립 아우슬란더(Sandahl and Auslander, 2005) 등의 학자들에 의해 더욱 발전되었다. 장애 문화는 다른 종류의 특정한 문화보다 제한적이고 배타적인 영역으로 확실하게 설정될 필요가 없다. 그러나 만약 장애 문화가 지원되고 육성되었을 때 그것은 광범위한 문화로부터 발현된 관여와 진정 어린 인식에 대한 단단한 토대를 제시할 것이다. 장애 문화의 미디어 사용과 관련한 부분은 본서 제3장에서 더욱 심화될 것이다.

# 결론

이 장에서 우리는 미디어가 어디에 적합한지 이해하기 위해 장애에 관한 주요 사고를 탐색했다. 우리는 장애의 사회적 성격과 우리가 장애를 보는 방법에 여전히 영향을 미치는 지배적인 접근법, 특히 의료적 모델에 대한 중요한 비평에 관한 논쟁을 다뤘다. 우리는 미디어의 대두를 사회 속 장애를 이해하는 관련성 높고 중요한 요소로서 추적해 왔다. 우리가 간략히 설명했듯이, 장애와 미디어에 대한 연구는 왜 장애의 사회적 변혁이 더디게 이뤄지는지에 대한 문화적 동향과 시사점을 이해하는 데 도움을 준다. 우리가 장애의 문화적 차원을 이해할 수 있는 다양한 방법들이 있지만, 확실히 현대 사회에서 미디어는 문화가 어떻게 만들어지고, 보존, 전달, 경쟁, 재생산, 분배되는가에 있어 중요한 요인이 된다. 미디어는 인터넷, 모바일, 소셜 및 디지털 미디어와 같이 우리가 현재 새롭게 생각하는 미디어뿐만 아니라 구전, 고대, 시각, 인쇄 매체, 전자 매체 등 오랜 형식을 포함한다.

그러므로 미디어는 장애가 위치하는 문화의 아주 중요한 비평적인 영역이 된다. 다른 영역들과 마찬가지로, 미디어와 같은 특정 문화와 일반 문화 사이에 공통적이고 중첩되는 측면이 있다. 그래서 우리는 영화에서 장애가 어떻게 묘사되는지, 그리고 그것이 뉴스나 TV 드라마, 소셜 미디어 형태와 같은 미디어 형태에서 어떻게 표현되는지 추적할 수 있다. 그러나 특정한 미디어 형태에 적용되는 특성이나 운영은 우리가 그것을 주의 깊게 검토하고 분석하고 그것이 어떻게 더 광범위한 문화적, 사회적, 정치적 논리학에 기여하는지 고찰하도록 요구한다. 이것은 이 책의 나머지 부분에서 우리가 탐색할 것으로, 제3장에서 미디어 형식, 형태, 접근성의 문제에 대해 이야기할 것이다.

# 제3장

# 장애 속 미디어의 역할

영화《킹스 스피치(The King's Speech, 2010)》의 오프닝 장면에서 배우 콜린 퍼스(Colin Firth)가 연기한 왕세자 조지 6세는 언어 장애의 고통에 시달리고 있다. 특히, 열광하는 수많은 군중들 앞에서 대중 연설을 하는 데 심각한 어려움을 겪고 있다, '버티(Bertie)'라는 애칭으로 불리는 이 왕세자에게 언어적 손상(말더듬)이 있다. 비록 영화 속에서 말더듬의 심각성이 좀 더 과장된 측면이 있기는 하지만 말더듬이 그의 일상에서 자녀들과 왕실 관계자들과의 대화에 지대한 영향을 끼쳤다는 것은 부정할 수 없는 사실이다. 버티가 가까운 미래에 왕이 될 가능성이 높아짐에 따라 그의 대중 연설에 대한 두려움과 공포도 심각해진다. 설상가상 그를 어렵게 한 것은 1930년대 새롭게 부상한 라디오 방송의 사회적 기능과 권력이었다. 비록 영화의 시대적 배경이 지금으로부터 약 80여 년 전의 내용이지만, 미디어 권력에 대한 이 영화의 핵심 주제는 현재에도 유효하다.

《킹스 스피치》는 미디어 속에 담긴 두드러진 문화적, 정치적, 사회적 쟁점들에 관한 상황들을 나타내고 이러한 쟁점들이 장애와 밀접한 관계를 맺는다는 것을 부각시켜 준다. 라디오는 스스로 말하는 유성 미디어이기 때문에 방송 출연자들은 그들의 목소리를 반드시 '찾아야' 한다. 즉, 미디어 규범에 부응하는 목소리를 사용해야 한다는 것이다. 영화 속에서 윈스턴 처칠(Winston Churchill)이 버티에게 말더듬이란 강조 또는 다른 효과를 내기 위한 일시적 멈춤이라고 말한다. 그러나 멈춤의 많은 부분, 말더듬 혹은 중단된 언어는 청취자에게 이러한 이상한 소리를 듣는 것을 주저하게 만들거나 주의를 산만하게 만드는 효과가 있다. 조지 6세가 말하는 유성 라디오를 사용하는 방식은 세습적 군주를 제쳐 놓더라도 지도자로서도 수용 불가하다. 따라서 조지 왕은 라디오 미디어에 맞춰 변해야 한다. 미디어에 순응해야 한다는 것이다. 왜냐하면 어느 누구도 미디어에 대한 합리적인 의문을 던지지 않기 때문이다. 사회에 대한 의문도 마찬가지다. 커뮤니케이션 개념 확장을 위해 방송 형식과 수용이 변화되어야 하지 않을까? 이에 따라 조지 왕은 제프리 러쉬(Geoffrey Rush)가 연기한 호주 출신 망명 언어 병리학자에 의해 어려움에서 구조되고 '치유'되어야 한다(또는 언어 장애는 숨겨지거나 완화되어야 한다). 영화 속에서 나타나는 '재현의 정치'는 주목할 가치가 있다. 영화의 핵심은 두 가지 유형의 종속된 사회적 개인들의 연대에 있다고 할 수 있다. 첫째, 언어 장애로 고통받는 장애인, 둘째, 언어 병리학자 등과 같은 식민지 주체이다. 군주제에 대한 맹목적 복무를 조롱하고, 궁극적으로 장애인으로서 취약적 지위를 극복하게 해서 왕위에 오르게 만드는 자가 다름 아닌 관련 없어 보이는 식민지 주체라는 점은 매우 흥미롭다.

영원한 미디어 방송의 자리에 오른 라디오의 장애 재현에서, 우리는 미디어에서 나타난 장애의 지속적인 역설을 볼 수 있다. 1930년대 당시에 새로운 미디어라고 간주됐던 라디오는 정치적 영역으로 들어서고, 새로운 사회적 의미와 기능의 양상을 띠게 된다. 라디오는 커뮤니케이션에 새로운 가능성을 제공하고, 새로운 사회적 배치들과 손을 맞추고 (이 경우에는 미디어가 중요한 역할을 하는 군주제에 대한 민주주의적 도전) 새로운 문화적 실천과 가능성을 창출한다. 우리는 라디오의 교훈을 깊게 성찰하면서 문자 해독, 문화적 자본 또는 장애 때문에 인쇄 미디어와 문화에서 배제될 수 있는 대중을 위한 미디어의 새로운 접근성을 불러올 수 있다. 예를 들어, 라디오와 더불어 신문, 잡지, 시각 장애 또는 인쇄 미디어 불구자인 청취자를 위한 뉴스 읽기의 도래가 시작된다.

청각적으로 손상이 있는 사람들이나 농인들은 어떻게 라디오를 들을까? 장애를 가진 다양한 사람들, 라디오에 맞지 않는 사람들은 방송 출연자, 제작자, 프로그래머, 언론인, 활동적 청취자로서 어떤 방식으로 미디어에 참여할까? 현재 대두되는 미디어 기술은 장애인의 통제와 관리에서 어떤 역할을 했는가?

우리는 조지 6세의 곤경을 배경으로 하여 이 장에서 라디오라는 미디어가 특별한 규범을 가공하고 집행했는지 살펴보고자 한다. 이러한 사례들은 미디어와 장애가 서로 연결되어 있음을 증명하고 그 연결 방식을 구체적으로 검증한다.

우리는 이 장을 미디어와 장애의 상호 교차라고 간주했다. 다음으로 우리는 장애인들을 위한 미디어의 세부적인 형태의 부산물을 논의한다. 우리는 라디오의 중요성과 오랜 기간 방송된 프로그램과 채널들(예를 들어, 인쇄 미디어 불구자를 위한 라디오 등)을 고찰한다. 또한 점자와 연계된 세부적 미디어 역사와 수어(수화), 청각 장애인을 위한 TV 자막 서비스, 1980년과 90년대의 초기 전자계산기와 인터넷의 대두, 과거엔 불가능하다고 판단된 미디어 접근성에 대해 고찰한다. 우리는 이 장의 세 번째 부분에서 이러한 논의를 미디어와 장애에 대한 일반적인 의문으로 확장하고 이 장의 앞부분에 언급했던 접근성을 간단하게 다룰 것이다.

이 장의 세 번째 부분에서는 미디어의 일반적인 질문으로 논의를 넓히고, 미디어와 관련하여 논의했을 때 여전히 가장 보편적이고 종종 유일한 방식으로 장애가 나타나는 접근 문제를 직접적으로 다룬다. 만약 미디어가 사회에서 특히 일상적 사생활과 공공 생활에서 점점 더 중요해지는 현실을 감안할 때, 장애를 가진 시민들과 소비자들은 어떻게 미디어에 접근하고 있을까? 장애의 다른 범주에 따른 접근 모드와 사용 환경은 상당히 다양하기 때문에, 우리는 이러한 접근 모드를 요약할 필요가 있다. 디지털 TV와 관련한 사례 연구를 통해서 우리는 접근성과 재현의 가능성과 한계를 탐색할 것이다. 위 사례 연구는 특히 새로운 미디어 기술의 도입이 장애인을 권능화하거나 불능화하는 방식을 예증할 것이다.

넷째로 우리는 접근성 문제 그리고 실제로 언론의 자유에 대한 중요한 담론과 결부되는 방식이 2006년 12월 유엔 총회에서 채택된 장애인권리협약(CRPD)에서 어떻게 핵심 요소가 되었는지 논의한다. 우리는 아직 완전하게 실현되지 않은 장애인권리협약의 한 효과를 논의하며, 미디어 접근에 대한 좀 더 풍부한 이해 전달을 도모할 것이다. 이 획기적인 협약은 언론과 민주주의를 뒷받침하는 문화적 참여와 시민권뿐만 아니라 표현의 자유에 관한 우리의 오랜 이상을 확장시킨다. 마지막으로, 우리는 미디어와 장애 관련 정책과 법률 및 규제에서 장애와 미디어에 관련한 한계를 적시한다(장애인권리협약 포함). 또한 우리는 장애의 풍부성과 복합성에 대한 평가 방식이 실제로 접근성에 관한 지엽적인 사고를 뛰어넘게 만들 뿐 아니라 미디어 사용, 제작, 노동에 있어 멀티미디어와 디지털 융합에 대한 전통적인 사고를 뛰어넘어 새로운 가능성을 사유하게 하도록 돕는다는 것을 보여 줄 것이다.

## 현대 미디어에서의 장애 사고방식

현대 사회에서 미디어가 집중적이고 지속적이며 중심적인 역할을 수행하는 방식에 대해 광범위한 논의가 이뤄진 바 있다. 이것은 특히 농업에 기반을 둔 중소 도시에서 대도시 중심으로, 남반구 중심으로, 혹은 생산보다는 정보와 서비스를 중요시하는 세계 무역으로 전환되는 경제 중심의 축이 발생하는 세계 일부 지역에서 나타나는 현상이다. 언론학자 소니아 리빙스톤은 많은 논란이 된 2008년 국제커뮤니케이션협회 연설에서 '모든 것의 중재'에 대해 격렬히 주장했다(Livingston, 2009). 스마트폰, 스마트 텔레비전, 소셜 미디어 또는 상호 접속 컴퓨팅을 홍보하는 사람들의 기술적 이상으로부터, 이러한 '모든 것의 중재'의 선도적인 예리함 중 하나는 확실히 디지털 문화와 기술의 대두를 포함한다. 더 정확히 말하면, 그것은 우리의 일상생활과 삶과 죽음, 일과 놀이, 교역과 소비, 사랑과 증오를 형성하고 통제하는 사회 디지털이다(Hepp and Krotz, 2014). 미디어는 '24시간 1주일 상시 뉴스' 주기의 영향, 텔레비전의 새로운 엔터테인먼트 장르의 힘, 또는 디지털 네트워크와 결합한 미디어 기술의 휴대성과 경제성이 전 세계의 많은 개인들의 손에 들어가 '나의 미디어'를 만들 수 있는 가능성 등이 다른 곳에서도 감지되었다. 그렇다면 이러한 미디어의 확대와 사회의 중심성은 장애에 어떤 영향을 미칠까? 만약 미디어가 그 어느 때보다도 사회의 중심에 있다면, 그것은 어떻게 장애와 상호 작용하는가?

미디어는 이전과는 매우 다른 방식으로 작동한다. 미디어만큼 이전 시대에 비해 복잡해진 매체는 없을 것이다. 이러한 복합성에 접근하기 위한 최상의 출발점은 미디어의 유형과 채널의 증가를 탐색해 보는 것이다. 미디어 산업 및 정책에 대한 대중적 논의는 미디어의 다중 플랫폼, 분리된 미디어 형태로의 융합, 그리고 시장 수익에 영향을 미치는 특정 요인에 집착하고 있다. 이와 대조적으로, 미디어와 장애에 대한 선구자적인 연구는 우리에게 언론, 특히 신문, 방송, 광고, 그리고 미디어의 몇몇 다른 측면에 대한 중요한 통찰력을 제공한다. 그러나 우리는 여전히 디지털 미디어에서 장애의 사회적 형성에 대한 연구나 유용한 개념, 심지어 향후 과학과 기술의 사회 연구에 대한 활용 가능한 아이디어조차 갖고 있지 않다. 현재 장애 및 기술에 대한 학술 연구 문헌이 증가하고 있다(Moser, 2000, 2006, Moser and Law, 2003; Mills, 2011a, 2011b, 2011c, 2013; Sterne 및 Mulvin, 2014). 이에 대한 질문과 고찰이 다양하고 풍부해진 것은 사실이다.

장애는 특정 플랫폼을 통해 어떻게 전달되는가? 유튜브(YouTube)나 비메오(Vimeo) 같은 영상 공유 플랫폼에서 어떤 유형의 관행들이 창출되고 그중 어떤 유형이 가장 지배적인가? 인터넷이 가능한 텔레비전, 유튜브, TV 앱, 다운로드, 스마트 텔레비전, 디지털 텔레비전의 새로운 텔레비전 생태학에서 장애인 생산자와 사용자가 그들 자신의 이야기와 매체를 만들고 유통하고 주의를 기울이게 하는 돌파구를 마련했는가? 더 넓은 공공 문화는 장애와 사회의 경계를 확장하는 혁신적인 미디어와 문화 콘텐츠와 생산에 주의를 기울이거나 무게를 두고 있는가? 소셜 미디어는 장애인들을 위해 새로운 형태의 사회적 참여를 채택하는가? 장애와 관련된 내용을 포함하여 콘텐츠의 형성 및 상호 작용 방식을 변화시키고 있는가? 텔레비전의 새로운 포맷, 리얼리티 텔레비전, 미디어에서 피처링되는 보통 사람으로의 전환, DVD, 아이튠즈 또는 다운로드된 고생산적 텔레비전 시리즈는 장애를 보는 새로운 시야를 제공하는가?

다수 미디어 연구의 핵심 포인트는 재현에 대한 문제 제기로 귀결된다. 특히 타자 또는 관심 비대상으로 표식화되는 집단과 문화적으로 중심에 있어서 당연하다고 판단되는 집단, 또는 미디어 전공 학생들이 관련 서적의 서론에서 쉽게 배우는 프랑스 학자 롤랑 바르트(Roland Barthes)가 지칭한 '탈명명화(ex-nomination)'로 여겨지는 집단과의 관계 속에서 재현 문제가 제기된다(Barthes, 1973). 미디어 연구에서 계급, 인종, 성 정체성의 재현에 관한 다수 연구가 있었지만, 장애 재현에 관한 연구는 거의 없었다. 미디어의 장애 재현 관련 연구와 논쟁은 두 가지 상호 연계된 가설로 귀결되는 경향이 있다. 첫째, 우리가 제4장과 제5장에서 주장하겠지만, 장애인에 대한 다양성이 미디어 속에서 총체적으로 재현되어 있지 않다. 일상 속에서 장애인들이 겪는 일화 및 함의는 말할 것도 없다. 이것은 주류 미디어 산업에서 확실히 치명적일 수 있는 사유의 대 실패, 즉 청중들이 상당한 수의 장애를 가진 사람들을 포함한다는 인식의 결여에서 비롯된다. 둘째로, 제6장에서 주장하겠지만, 장애를 가진 사람들은 그들 스스로가 미디어의 생산자로 잘 재현되지 못하고 있고, 미디어 전문가들도 장애를 이해하는 문화적 능력이나 훈련이 부족한 경우가 많다.

## 장애의 유형과 형식

미디어와 장애에 대한 이러한 생각을 구체적으로 논의하고 발전시키기 위해서 장애를 가진 사람들을 위한 특정 형태의 미디어의 개발에 대해 이해하는 것이 도움이 될 것이다. 1990년대 이후, 주요 관심사가 되기 이전인 수십 년 동안 사람들이 미디어와 장애에 대해서 생각했을 때 머릿속에 처음으로 떠올렸던 것은 미디어 형태와 형식이었다.

〈시각 장애인을 위한 미디어 형식〉

아마도 장애와 관련된 가장 잘 알려진 매체 중 하나는 점자일 것이다. 1824년 루이 브라이(Louis Braille)이 개발한 점자는 터치만으로 감지할 수 있는 점으로 된 언어 암호화 체계다. 점자는 통합 체계로 자리 잡기 전까지 약간의 시간과 노력이 소요됐지만 대다수 시각 장애인들에게 표준화된 형태의 읽기 및 쓰기로 받아들여졌다. 미국 시각 장애인들의 50%가 학령기에 점자 교육을 받는 것으로 추정된다. 초기에 점자는 시각 장애인을 위한 독특한 형태의 인쇄 문화와 연관되었다. 점자는 시각 장애인이 아닌 사람들의 인쇄 문화에 시각 장애인들이 접근할 수 있게 만들어 주었다. 예를 들어, 1931년 미국 후버(Hoover) 대통령은 연방 정부가 시각 장애인을 위한 공공 도서관 서비스를 설립하는 것을 골자로 하는 플랫 스뭇 법(Platt Smoot Act)에 서명했다. 이 프로그램은 점자책으로 시작한 다음, 새로운 기술을 활용하여 '오디오 북'을 포함하도록 확장되었다(RCA, 1937). 이것들은 녹음된 책들과 잡지들이었고, 일단 이용할 수 있게 되면, 테이프들을 재생할 수 있는 기계 장치들도 제공되었다(Haycraft, 1962). 그러나 점자로 인쇄물을 만드는 것은 시간이 많이 소비되는 과정으로 상당한 전문 지식이 요구되며 오늘날에도 여전히 힘들고 비용이 많이 드는 편이다. 이러한 한계들은 1964년 나이(P.W. Nye)에 의해 지적됐다.

> 점자는 거의 100년 동안 맹인들에게 세계 문학의 극히 일부분을 경험하게 만들어 주었다. 기회가 좀 더 많아진 것은 사실이지만 지적 능력을 갖춘 맹인들은 인쇄물 접근 측면에서 여전히 불능적인 현상을 경험하고 있다(Nye, 1964:247).

나이(Nye)는 자동화 판독기 개발에 대한 희망을 표현하면서, 비록 이 전망이 먼 미래의 이야기인 것은 사실이지만 '휴대용 판독기를 개별 맹인이 사용할 수 있는 것이 머지않아 일상적인 관행이 될 것'이라고 예측했다 (Nye, 1964: 262).

1920년대부터 라디오는 맹인 청취자 또는 시각 손상이 있는 사람들 또는 다양한 이유로 인쇄물에 접근할 수 없는 사람들에게 뉴스, 정보, 오락 등을 제공하는 방법으로 널리 이용되기 시작했다. 국제적으로 시각 장애인을 위한 라디오 읽기 서비스에 대한 아이디어는 1969년 미국에서 설립된 최초의 서비스인 미네소타 토킹 북스 네트워크(Talking Books Networks)와 함께 1960년대 후반에 발전한 것으로 알려져 있다. 라디오 판독 서비스 협회는 1977년에 설립되었고, 현재 국제 오디오 정보 서비스 협회(IAAIS)로 확대되어 시각 장애 또는 기타 시각, 물리 또는 기존의 인쇄물을 읽을 수 없는 개인에게 인쇄된 정보에 접근할 수 있는 '오디오 정보 서비스'를 지원하는 임무를 수행하고 있다(http://iaais.org/).

예를 들어, 호주는 1978년 연방 정부에 의해 '맹인과 독서 장애인(읽기 장애)을 위한 특별 무선 통신 서비스' 기금을 배정했다. 호주에서 서비스 사용자들은 '인쇄 매체 불능자(print handicapped)'로 불렸으며, 인구의 20%를 차지하는 것으로 추정된다. 그러나 맹인 혹은 시각 장애인과 같이 전통적으로 '장애인'으로 간주되는 사람들뿐만 아니라, '인쇄 매체 불능자'와 같은 문맹인들도 포함된다. 라디오 읽기 서비스는 여전히 활동적인 장애 매체이고 중요한 요소다. 캐나다의 정부 서비스인 AMI-audio는 다음과 같은 기능과 임무로 설명될 수 있다:

국내외 뉴스와 정보를 접할 수 있는 세계 최대 규모의 방송 읽기 서비스. 우리의 자원봉사자들은 TV와 온라인에서 1,000만 명 이상 캐나다인들의 가정에 방송되는 주요 신문과 잡지의 최신 기사를 읽고 기록한다(AMI-audio, 2012).

라디오 읽기는 일반적으로 자료를 읽고 프로그램을 제작하고 미디어 조직을 관리할 수 있을 정도로 충분한 시각을 갖춘 자들에 의해 운영 관리되고 있다.

라디오가 인터넷과 융합하기 전에는 라디오 판독 서비스가 여러 가지 한계를 가지고 있었다. 이는 '청취하는 사람이 정보를 얻을 때까지 기다려야 한다는 단점'도 있었다(Williamson, Shauder and Bow, 2000).

라디오는 오디오 매체이기 때문에 시각 장애인들에게 자신만의 미디어를 만들 수 있는 훨씬 더 큰 기회를 제공한다. 디지털 기술, 특히 컴퓨터, 접근 가능한 소프트웨어 도구, 인터넷의 등장으로 라디오는 시각 장애인들에게 엄청난 혁신의 매체가 됐다. 지역 방송을 위시로 한 시각 장애 라디오 방송은 오랜 역사를 가지고 있다. 예를 들어, 시각 장애인들을 위해 맞춤형 오디오 장비를 제공하는 '맹인을 위한 영국 무선(British Wireless for the Blind)'은 1929년 Boer War 군에서 복무하던 중 시력을 잃은 타우즈(Sir. Beachcroft Towse) 경에 의해 설립되었다. 특히 월드 와이드 웹(World Wide Web)의 발명으로 인터넷을 통해 오디오를 전송하는 기술적 능력의 출현과 함께 오디오를 스트리밍하는 것이 가능해졌다. 이는 개인 사용자들의 방송 라디오 확산을 의미한다. 이러한 라디오 방송은 전형적으로 면허를 필요로 하지 않았다. '햄'과 아마추어 무선 방송의 전통에 따라 기술적으로 숙련된 라디오 방송들이 프로그램과 채널을 설정하는 것이 전적으로 가능해졌다. 시각 장애인들은 비교적 일찍부터 이 새로운 인터넷 라디오 매체의 잠재력을 깨닫고,

오락 프로그램뿐만 아니라 신문과 도서 읽기 서비스를 구축했다.

맹인 사용자를 위한 형식과 기술의 개발은 현재 미디어 변환에서 매우 중요한 판독 기계(Mills, 2013)의 일반적인 기록과 풍부한 연관성을 가지고 있다. 상징적인 점자 체계와 관련 매체는 현재 쇠퇴하고 있으며, 시각 장애인들이 선호하는 다른 유형의 기술에 의해 대체되고 있다. 디지털 콘텐츠를 다루는 능력은 장애인에게 특히 유용하다(Ellis and Kent, 2011: 148). 정보의 디지털 암호화에 있어서 인터넷의 위치는 그 가능성의 차원을 격상시킨다 (Ellis and Kent, 2011: 148).

많은 사람들이 디지털 기술의 출현, 특히 인터넷 영역을 유토피아로 보아 왔다. 엘리스(Ellis)와 켄트(Kent)(2011년)가 제안했듯이 디지털 유토피아의 비전은 상당하다. 불행히도 온라인 미디어를 구성하는 훨씬 더 유연하고 구성 가능한 소프트웨어, 하드웨어, 체계 및 응용 프로그램이 지원되고 있지만 접근성의 경우, 아직도 열악한 편이다(Ellcessor, 2014; Blanck, 2015). 특히 접근성이 비장애 사용자의 웹 경험에 영향을 미칠 것이라는 인식이 있는 경우 더욱 그렇다. 이러한 기존의 주장과 달리, 우리는 웹 사용자가 기회, 훈련, 자원을 고려할 때, 유연성을 받아들이고 이용 가능한 여러 옵션을 통해 웹 경험을 개별화하려고 할 가능성이 높다는 것을 주장한다. 장애가 없는 사람들이 소프트웨어와 하드웨어를 통해 자신의 웹 경험을 개별화하려고 하는 것처럼, 장애를 가진 사람들의 경우, 이러한 개인의 유연성을 위해 '언어 합성 프로그램, 발성 프로그램, 사용자 지정 포인터, 점자 표시 장치 또는 이동 중에 시각 장애인을 위해 설계된 휴대용 장치'를 포함한다(Kuusisto, 2007).

우리는 라디오의 경우, 인터넷 기술의 창의적인 전용(appropriation), 가정화(domestication), 접근성의 변증법(dialectic)을 볼 수 있다. 미디어의 순환 및 유통, 교환, 반응의 새로운 패러다임을 열어 주는 접속 가능한 인터넷 플랫폼은 라디오와 같은 다른 매체가 발달하여 장애를 가진 사람들의 커뮤니티에 더 많이 이용될 수 있게 되었다. 라디오는 팟캐스트의 도입으로 널리 보급되고 수렴된 인터넷 형태로 변모했다. 팟캐스트는 라디오 방송국과 방송사들이 청취자의 편의를 위해 프로그램을 다운로드할 수 있도록 하고, 기존의 라디오 수신기가 아닌 휴대용 디지털 음악 및 오디오 장치 또는 휴대폰으로 재생할 수 있도록 하는 주문형 라디오의 형태를 갖는다. 다시 맹인을 위한 방송사들은 사용자 문화로서 팟캐스트의 선봉에 섰고, 시각 장애인 사용자만의 특성을 팟캐스트에 반영했다.

〈청각 장애인을 위한 미디어 형식〉

시각 장애 이외에도 다른 장애와 연관된 커뮤니티 매체들이 있다. 이것들은 각기 독특한 사용자 문화를 갖고 있다. 청각 장애인은 수어(수화)를 공통의 유산으로 공유한다. 이는 상징, 문화, 예술, 통신의 독특한 시각적, 촉각적 형태(Nomeland and Nomeland, 2012), 수어 문학(Bauman et al., 2006), 청각 장애인 극장(Baldwin, 1993) 또는 기타 청각적 형태의 문화를 형성한다. 수어는 모국어로 여겨지고 대문자 'D(Deaf)' 농인들의 핵심적 정체성이 된다. 다양한 방법을 통해 청각 장애인들은 읽고 쓸 수 있을 뿐만 아니라 독화할 수 있도록 언어를 배운다. 농인 공동체 간의 대립과 갈등(Battle of Deaf)과 청인(비청각 장애인)에 의한 억압은 구화법을 중심으로 이야기될 수 있다.

구화법은 19세기 중반부터 1970~1980년대까지 청각 장애인 사회에 영향을 미친 지배적인 원칙이다. 구화법의 창시자들은 청각 장애인들에게 독화와 쓰기를 통해 언어를 이해하도록 가르치는 것을 선호하여 수어의 사용을 금지했다. 청각 장애인들이 수어를 배우고 사용하는 것을 막고 금지하기 위해 취해진 조치들은 유럽의 식민지 주민들, 즉 대다수의 인구 집단이 그들이 학습한 언어들의 자국어 사용을 금지하면서 취해진 접근법을 연상시키기도 한다. 여전히 많은 농인(강성 청각 장애인)들에게 그들이 다른 구화 언어를 배우는 데 있어 직면하는 어려움은 일반 청각 장애인이나 그들의 읽고 쓰는 능력 수준이 상대적으로 낮다는 것을 시사한다. 그럼에도 불구하고, 청각 장애인들이 비수화 언어로 글을 쓰고 읽을 수 있다는 것은 인쇄 문화가 그들의 사회에 중요한 매체를 제공하고 있다는 것을 의미하기도 한다. 잘 알려진 관련 사례로 1890년부터 1929년까지 뉴저지 청각 장애 학교에서 발행한 침묵의 노동자라는 이름의 신문을 들 수 있다. 유명한 편집자인 조지 포터(George Porter)가 해고되었음에도 불구하고,《침묵의 노동자 (Silent Worker)》는 미국 청각 장애인 사회에서 최고의 신문으로 평가받았다 (Buchananan, 1999). 홀러(Haller)에 따르면, 이러한 청각 장애인 신문이 존재한 주된 이유는 청각 장애인들이 1900년대 이후의 인쇄 매체에 능숙해졌기 때문이다(Haller, 1993).

인쇄 매체가 청각 장애 문화에서 매우 중요한 역할을 한 반면, 텔레비전과 같은 전자 매체의 역할은 애매하긴 하지만 수어를 사용하는 사회자(아나운서 포함), 시청자들 및 배우들에게 프로그램의 가능성을 제공했다. 실제 청각 장애인들과 영국 TV를 연구한 패디 라드(Paddy Ladd)에 따르면, 수어가 문서나 라디오보다 표현하기 어려운 점이 있다는 것을 지적한다. 수어는 '시각적 매체에 매우 적합하다'고 하며, '영화와 텔레비전 매체는 다른 소수 언어보다 수어 공동체 발전에 훨씬 더 중요한 역할을 했다'(그들의 문화적, 언어적 유지에 대해 전자 매체를 어느 정도 요구할지도 모른다)(Ladd, 2007: 234)(Ladd, 2007: 234). 하지만 현재는 그렇지 않다. 수어 통역사가 텔레비전 프로그램을 해설할 수 있긴 하지만 숙련된 통역사의 부족과 고비용(실용성과 같은 다른 요소들뿐만 아니라)은 오랫동안 이 선택을 배제하는 경향에 큰 영향을 미쳤다. 예를 들어, 2003년 루마니아와 헝가리의 국영 TV 방송에서 방영된 농인의 배제에 대한 토론들에서 '수어 통역이 이루어지지 않았다'는 보도가 있었다. 두 나라는 매주 소수의 장애 프로그램에서만 정기적으로 수어 통역 서비스가 이루어지고 있다. 라드(Ladd)가 지적하듯이 다른 곳도 예외는 아니었다.

> 1950년대 이전 텔레비전에서 수어를 사용했다는 문서 증거 자료는 영어권 국가 어느 곳에서도 찾아볼 수 없었다. 상업 방송의 청각 장애 신호 방송은 한 가지 예외를 제외하고는 사실상 존재하지 않았다(Ladd, 2007: 239).

이 예외는 1970년대 이후 제작된 학교 성인 교육 프로그램에서 일부 영국 수어가 지역 뉴스 전달을 위하거나 일부 프로그램 해석을 위해 사용되었다. 특히 긴급 통신이나 중요한 국가 행사에서 수어 통역사를 방송에 포함시키는 것이 전 세계적으로 일반화되어 갔다. 이는 '주요 방송 프로그램 중 수어 통역이 화면에 나타나는 것으로 확인된 상징적 의미'이며, 청각 장애인들에게 번역물을 제공할 뿐만 아니라 '평등과 존엄의 필요성, 다름에 대해 대중을 교육시킨다'는 것을 의미한다(Flora, 2003: 270).

텔레비전에서 수어나 해설이 없는 경우, 자막은 특히 청각 장애가 있는 사람들을 위해 배려하는 방식이다. 미국과 영국에서 자막과 관련된 또 다른 사실은 장애인들이 더 나은 미디어 접근성 서비스를 받았던 흥미로운 사례를 통해 알 수 있다. 미국에서의 자막 제공은 청각 장애를 가진 사람들에 의한 풀뿌리 운동의 결과였지만, 영국에서는 정부 입법과 시장 세력에 의한 결과로 볼 수 있다.

텔레비전 접근성의 경우, 청각 장애인들이 겪는 어려움을 감안하여 1970년대 미국에서 접근과 표현을 옹호하는 운동이 대두되자, 프로그램의 자막 포함에 대한 요구가 정례화됐다. 1972년 방영된 줄리아 차일즈(Julia Childs)의 《프랑스 요리사(French Chef)》의 에피소드 중, 사용됐던 TV 자막 조성은 공공 기금에 의한 시험 방송의 일부였다. 로스앤젤레스 PBS 방송국이 이 프로그램의 방송을 거부하자, 로스앤젤레스 청각 장애인 위원회(GLAD)는 이 결정이 번복될 때까지 방송국에 대해 항의 시위를 벌였다. GLAD는 1934년의 통신법을 재활법(1973년 도입)과 연계시켜 능숙하게 처리함으로써 이 이슈를 대법원까지 끌고 갔다(Downey, 2007).

이에 비해 영국은 모든 시청자에게 자막(또는 텔레텍스트)을 제공하는 것을 상업적(marketing) 취지로 했다. '뉴스, 스포츠 결과, 주식 시장 가격, 날씨'를 포함한 콘텐츠도 함께 제공했다(Schlesinger, 1985). 이 제도는 1980년대 영국 정부에 의해 더욱 일반화됐다. 그러나 영국 정부는 미국 정부의 방송국에 대한 의무적 자막 요구 조건과 달리, 텔레텍스트 TV에 필요한 보증금을 비텔레텍스트 TV의 절반으로 삭감함으로써 시장을 보다 창출하는 쪽으로 관심을 돌렸다(Schlesinger, 1985: 475).

많은 청각 장애인들에게 텔레비전을 더 잘 읽을 수 있게 만드는 것 외에도, 프로그램의 화면 텍스트 설명 제공은 청각 장애가 있는 사람들을 위한 접근 방식을 한층 용이하게 만들어 주었다. 도움이 필요한 사람들 중 많은 수가 '후천적 청각 장애인'이란 사실은 예의 주시할 필요가 있다. 그들은 청인으로서 언어를 습득한 후에 부분적이거나 심각한 청력 상실을 경험했고 대부분 수어에 능숙하지 못했다(그들은 종종 지식 수준이 떨어진다는 점도 지적받고 있다.). 자막은 항공기나 선술집 같이 소음이 심하거나 음향 청취가 어려운 환경에서 글씨를 읽고 이해할 수 있는 능력이 있는 사람에게 텔레비전의 내용을 이해시킬 수 있는 보편적인 방법이다. 장애 학자 레너드 데이비스(Davis, 2000)의 경우와 마찬가지로 비장애 자녀를 가진 청각 장애 부모의 수는 적지만 자막 관련 사항을 주의 깊게 살펴볼 필요가 있다.

## 미디어: 접근의 문제

특정 형태와 형식에 대한 논의는 필연적으로 미디어와 장애의 중요 지점인 접근을 부각시킨다. 만일 한 개인이 어떤 형태의 매체에 접근이 불가능하다면, 그는 다른 사람에 의해서 향유되고 이해되는 경험으로부터 배제될 것이다. 장애에 대한 흥미롭고 중요한 영화가 접근 불가능한 영화관에서 첫 시사회를 열거나 혹은 상영됐을 때 그 문제점은 더욱 더 크다고 볼 수 있다. 소리가 안 나오는 TV 쇼를 시청했을 때나 TV 속 대사에서 중요한 대목을 놓쳤을 때 느낄 수 있는 좌절감 등이 유사한 예라고 할 수 있다. 이제 장애인이 미디어에 접근할 수 있는 몇 가지 주요 차원에 대한 축소판 그림을 제시해 보겠다. 처음에 언급했듯이, 미디어나 장애의 다른 측면과 마찬가지로 접근성은 직접적인 것과 다른 의미이다.

1980년대 이후 미디어 산업의 민영화와 규제 완화로 인해 장애인의 미디어 접근성은 급격히 낮아졌다. 장애인의 미디어 접근성이 약간 다양화되기는 하였지만 의미 있는 데이터나 통계를 수집하는 것은 고사하고 종합적인 그림을 얻기 위한 체계적인 노력도 거의 이루어지지 않는 상황이었다. 새로운 기술과 미디어 정책의 변화로, 특히 전자 매체(방송)와 새로운 디지털 미디어(통신, 인터넷)에서 장애인에 대한 미디어 접근성은 많이 논의되고 이슈가 되었다. 1990년대 많은 국가들은 텔레커뮤니케이션 부문에서 보편적 서비스(미국에서 유래)의 개념을 확대했으며, 장애에 관계없이 모든 사람들이 텔레커뮤니케이션 서비스에 쉽게 접근하는 것을 공식화했다. 미디어 및 장애에 관한 2003년 유럽 의회와 후속 선언(European Congress, 2003)에서 새로운 이정표가 세워졌다. 많은 국가들은 2015년까지 디지털 및 융합형 미디어에서 장애인의 미디어 접근과 포함에 대한 주요 문제를 다루는 정책을 제시했다. 그럼에도 불구하고 장애인 미디어 접근에 관한 연구와 데이터는 아직 미비한 편이다(see, for instance, Ofcom, 2011).

디지털 텔레비전은 접근성의 모순에 대한 편리한 예를 제공한다. 특히 새로운 미디어 기술의 도입을 통해 미디어가 동시에 활성/비활성화할 수 있는 방법을 보여 준다. 디지털 텔레비전은 아날로그 텔레비전보다 더 많은 콘텐츠뿐만 아니라 개선된 화질과 음질을 제공한다. 디지털 텔레비전은 방송사가 만드는 정보의 양과 형식의 유연성 측면에서 아날로그 텔레비전과 확실히 구분된다(Weber and Evans, 2002: 437). 방송사의 정보 제공 및 제작 방식의 유연성은 장애로 인해 시청이 어려운 사람들에게 상당한 잠재적 능력을 제공할 수 있다.

슬레이터, 린드스트롬, 애스브링크(Slater, Lindstrom, Astbrink, 2010)는 장애인들이 디지털 텔레비전의 혜택을 받을 수 있는 몇 가지 영역을 제시했다. 화면 해설, 수어 자막, 구어 자막, 주변 잡음 제거 기능 등이 포함된다. 청각 장애인들은 자막을 통한 디지털 TV의 역량에 큰 혜택을 보는 집단으로 자주 언급된다. 다른 해설과 설명 방식은 수어 의사소통을 주로 하는 사람들, 시청각 장애인들, 지체 부자유자들을 포함하여 다양한 장애 공동체에 혜택을 제공한다(Pedlow, 2008).

디지털 텔레비전 전환이 다수 국가에서 이루어짐에 따라, 우리는 장애인들이 아날로그에서 배제된 방식을 교훈 삼아 디지털 텔레비전에 접근하기 위해 무엇이 필요한지 어느 정도 이해하게 되었다. 스페인 관련 연구는 장애가 있는 사람들이 디지털 TV에 접속하는 데 필요한 기본적인 접근성 요건에 대해 중요한 통찰력을 제공했다. 유트라이(Utray et al) 등의 연구에 따르면 청각 장애가 있는 사람들은 TV에 접근하기 위해 다음과 같은 접근성 기능을 필요로 한다.

(i) 100% 방송 콘텐츠에 사용할 수 있는 자막

(ii) 뉴스 캐스트, 다큐멘터리 및 교육 프로그램에서 수어 사용

(iii) 실화 드라마 주변 잡음 제거 서비스 제공(Utray et al., 2012)

그들은 시각 장애와 신체적 장애가 있는 사람들이 디지털 텔레비전 이용 접근성으로부터 이익을 얻을 수 있는 다른 방법을 개략적으로 설명했다.

오디오 해설 서비스는 드라마 프로그램과 다큐멘터리에 필수적이다. 그러나 이 그룹은 전자 프로그램 가이드(EPG)와 같은 대화형 서비스에 오디오 내비게이션 시스템을 통해 접근할 수 있도록 요구한다. 잔존 시야를 가진 사람들은 향상된 그래픽 사용자 인터페이스를 필요로 한다.

Utray et al. (2012) 조언:

노인과 지적 장애인은 위에서 언급한 모든 요구 사항을 충족하는 애플리케이션으로부터 혜택을 받을 수 있다. 단, 이러한 애플리케이션이 '모든 것을 위한 설계' 전략을 따른다는 전제하에 말

이다…. 이 접근 방식은 특별한 요구를 가진 사람들의 건의 사항을 고려하여 제품과 환경을 설계하고 개발할 경우, 모든 사용자는 이러한 제품의 사용 적합성 및 품질로부터 이익을 얻을 수 있다고 가정한다(p. 2).

시각 장애를 가진 사람들로부터 호의적인 소비자 피드백을 받았음에도 불구하고(Henley, 2012), 서비스를 위한 자금을 계속 지원하거나 AD 요건을 의무화하는 대신, 정부는 3년 추가 시험 방송 연장만을 발표했다. 현재(본서가 발간된 시점) 호주 TV는 화면 해설이 존재하지 않지만, 영국과 미국은 다양한 서비스 제공과 관련된 법적 의무화가 진행 중이다(Alper et al. 2015 참조). 일부 영국 방송사는 10%만 요구하는 법률이 시행된 지 6개월이 지난 후 최대 100% 화면 해설 콘텐츠를 달성하기도 했다(Ofcom, 2013).

다수 학자들(Goggin and Newell, 2003a; Ellis, 2012b, 2014; Jaeger, 2012)은 디지털 텔레비전을 장애인의 잠재적인 사회적 통합과 배제의 핵심 지점으로 지목하고, 텔레비전은 빠른 속도로 발전했고 이제 모든 화면 조정 및 조작이 가능하다고 주장했다. 자막은 다시 텔레비전의 인터넷 전환에 있어 중요한 장애 매체 관심사로 떠올랐다. 넷플릭스(Netflix)가《오즈의 마법사(Wizard of OZ)》개봉 70주년 기념 사업의 일환으로 무료 상영을 제공했을 때, 청각 장애 단체 활동가들은 동영상 스트리밍 서비스에 반대하는 캠페인을 벌였다. 이 영화의 자막 버전은 DVD와 TV 방송용으로 이미 제작 보급된 상태였다. 넷플릭스(Netflix)는 소프트웨어(Microsoft Silverlight)를 통한 스트리밍 자막의 기술적 어려움을 언급했지만, 청각 장애 시청자들은 이러한 답변이 넷플릭스가 장애인을 의미 있는 시청자나 소비자로서 여기지 않는다고 보았다(Elcessor, 2012 참조). 1970년대에 그랬던 것처럼, 전미 청각 장애인 협회

(NAD)와 서부 매사추세츠 청각 장애인 협회(WMA)의 주도하에 다수의 청각 장애 활동가들이 넷플릭스(Netflix)를 미국 장애인법(ADA)에 근거해 소송을 진행했다. 넷플릭스(Netflix)는 자신의 사업체가 물리적 공간인 시네플렉스(Cineplex)와 달리 온라인 공간이라는 이유를 내세우며 접근성 요건의 대상이 아니라고 주장했다. 그러나 법원은 이에 동의하지 않았고, 넷플릭스(Netflix)는 웹사이트(www.netflix.com)에 자막을 준수하는 온디맨드 스트리밍 콘텐츠의 목록 또는 유사한 식별을 유지하라는 판결을 받았다. 넷플릭스(Netflix)의 기존 목록 유지 의무는 2014년 10월 1일에 만료되었다. 이 시점 이후, 사용자들은 온디맨드 스트리밍 콘텐츠를 100% 자막과 함께 즐길 수 있게 되었다(Wolford, 2012). 넷플릭스(Netflix)가 온라인 동영상 스트리밍에 미치는 영향에 대해 불만은 표시했지만 청각 장애인 협회(NAD)는 이번 판결이 '스트리밍 비디오 산업의 귀감'이 될 것이라며 긍정적으로 평가했다(Mullin, 2012).

넷플릭스(Netflix)가 그들의 자막 의무를 계속 준수할지는 알 수 없지만, 시각 장애인(Joehl, 2011; Kingett, 2014)을 위한 화면 해설과 청각 장애인을 위한(Wildman, 2013) 무제한 자막 처리 서비스를 옹호하는 다수의 단체들은 넷플릭스(Netflix)가 완전하고 접근 가능한 비디오 스트리밍 산업을 주도하길 강력히 희망하고 있다.


## 미디어 접근성, 표현의 자유, 문화적 시민 의식


디지털 TV와 다른 융합 미디어 영역의 사례에서 나타나듯이, 접근성은 주류 미디어, 정부, 규제 기관 및 대중 모두에게 중요한 이슈가 됐다. 접근성

추진은 2006년 12월 유엔 총회에서 비준된 장애인권리협약(CRPD)의 채택으로 더욱 가속화됐다. 장애인권리협약(CRPD)은 작게는 장애인권, 크게는 보편적 인권을 인정하는 획기적인 발전으로 여겨진다. 이 협약에서 주목할 만한 것은 공공 및 개인 생활에 대한 장애인의 참여가 새로운 미디어와 디지털 기술의 중요성을 인식하는 데 있어 뜻을 같이했다는 점이다. 장애인권리협약은 오래전부터 인식되어 온 장애인의 시민권과 사회적 포용을 재천명했을 뿐만 아니라, 실제로 우리 모두의 삶에 대한 미디어의 중요성을 재조명하고 심화시켰다.

역사적 배경을 알아보기 위해, 1948년 세계인권선언을 살펴보자. 제19조에 포함된 바와 같이 선언문에는 표현의 자유에 있어서 미디어의 역할을 환기시키는 고전적인 내용이 들어 있다.

> 모든 사람은 의사와 표현의 자유에 관한 권리를 가진다. 이 권리는 간섭 받지 않고 의견을 가질 자유와 모든 매체를 통하여 국경에 관계없이 정보와 사상을 추구하고, 접수하고, 전달하는 자유를 포함한다.

1948년 세계인권선언으로부터 60년이 지난 지금, 우리는 미디어가 제22조와 제27조의 실현에 있어서 중요한 역할을 하는 것을 보게 된다.

> 〈제22조〉
> 모든 사람은 사회의 일원으로서 사회보장제도에 관한 권리를 가지며, 국가적 노력과 국제적 협력을 통하여 그리고 각국의 조직과 자원에 따라 자신의 존엄성과 인격의 자유로운 발전을 위해

필수불가결한 경제적, 사회적 및 문화적 권리의 실현에 관한 권리를 가진다.

〈제27조〉

모든 사람은 공동체의 문화생활에 자유롭게 참여하고, 예술을 감상하며, 과학의 진보와 그 혜택을 향유할 권리를 가진다(UN, 1948).

이후 국제 사회는 유네스코를 통해 '신세계정보통신질서'(MacBride, 1980), 국제전기통신연합의 통신 및 개발에 관한 연구, 가장 최근에는 2005년 정보사회세계정상회의(Raboy and Information Society, Raboy and Society)에서 이러한 원칙을 구축하였다(Landry, 2005; Servaes and Carpentier, 2006). 또한 미디어커뮤니케이션 학자와 활동가들은 장애(Hoffman and Dakroury, 2013; Goggin, 2015)와 관련한 통신 및 문화 시민권(Dakroury, Eid, Kamalipour, 2009; Padovani and Calabrese, 2014)의 이론화를 논의했다.

기존의 국제 조약 체계, 국내 인권과 차별 금지법, 정책 협정은 기술과 관련된 기존의 규범과 관행으로 인해서, 그리고 때때로 적대적이고 사회, 경제, 문화권에 대한 권리를 행사하고자 하는 장애인들을 위해 만들어지는 데 많은 시간이 걸렸다(Goggin and Newell, 2003a). 장애인 접근, 포함 및 설계와 관련한 기술에 있어 세계적으로 주목해야 될 성과들이 있다. 특히 영미 국가들에서 미국 장애인법(Americans with Disabilities Act, 1990), 호주 장애인차별금지법(Disability Discrimination Act, 1992), 영국 장애차별금지법(Disability Discrimination Act, 1995)과 특정 장애 차별 금지 관련 법 및 규제들이 속속히 제정되고 있다. 하지만 우리가 지적한 바와 같이, 곤혹스럽고 유감스러운 차별은 여전히 남아 있다(Goggin and Newell, 2003a). 1990년대가 전 세계적으로 인터넷이 확산되고 휴대전화가 보편화된 시기였지만 장애인들은 느리고 빈약한 접속 및 접근 때문에 투쟁을 벌여야만 했다(Goggin and Newell, 2003a).

이러한 역사 속에서, 제4조와 제9조에 규정된 협약의 일반적인 의무가 있다. 국가는 장애를 이유로 어떠한 형태의 차별을 가해서는 안 되고, 장애인의 모든 인권과 기본적인 자유의 완전한 실현을 보장하고 촉진하기 위한 의무를 부담해야 한다. 국가는 장애인이 자립적으로 생활하고 삶의 모든 영역에 완전히 참여할 수 있도록 해야 하고, 장애인이 다른 사람과 동등하게 도시 및 농촌 지역을 포함한 모든 곳에서 물리적 환경, 교통, 정보와 의사소통 기술 및 체계를 포함한 시설과 서비스에 대한 접근을 보장하기 위한 적절한 조치를 취해야 한다(Articles 4, 9, CRPD). 아마도 장애인권리협약(CRPD)에서 새롭게 추가된 가장 중요한 신조항은 접근 가능한 미디어와 통신의 중요성을 강조하여 1948년 선언한 제10조를 확장한 제21조일 것이다.

> 국가는 이 협약 제21조에 따라 선택할 수 있는 모든 의사소통 수단을 통해 장애인이 다른 사람과 동등하게 정보와 사상을 추구할 수 있고, 전파할 수 있는 자유를 포함한 의사 및 표현의 자유를 행사할 수 있도록 모든 적절한 조치를 취한다. 여기에 다음의 사항이 포함된다.
>
> (가) 일반 대중을 위한 정보를 다양한 장애 유형에 적합하게 접근 가능한 형식과 기술로 장애인에게 시의적절하고 추가 비용 없이 제공할 것
>
> (나) 장애인의 공식적인 교류에 있어 장애인의 선택에 따른 수어

(수화), 점자, 확장적이고 대체적인 의사소통, 그리고 의사소통의
기타 모든 접근 가능한 수단, 방식 및 형식의 사용을 수용하고
촉진할 수 있도록 할 것

(다) 인터넷 경로를 포함하여 일반 대중에게 서비스를 제공하는
민간 주체가 장애인에게 접근 및 이용 가능한 형식으로 정보와
서비스를 제공하도록 촉구할 것

(라) 매스 미디어의 서비스가 장애인에게 접근 가능하도록 정보
제공자에게 인터넷을 통한 매스 미디어 접근이 가능하도록 장려
할 것

(마) 수어(수화)의 사용을 인정하고 증진할 것

## 향후 가능성: 접근성의 재고찰

접근성과 설계가 커뮤니케이션과 미디어와 연관되면서 고차원적 접
근 및 설계가 국제 인권에 핵심이 됐고 접근성은 새로운 장애인권리협약
(CRPD)의 중심축이 됐다. 그러나 장애인권리협약(CRPD)은 해당 관련 국가
들의 서로 다른 입장과 협약의 본질적 특성 탓에 한계점도 지닌다. 장애인
권리협약(CRPD)은 현재 장애에 적절히 대처하기 위해 확장되고 있음에도
불구하고 전통적인 인권에 대한 한계에 봉착하기도 한다. 장애, 창의성, 문
화, 인간성, 커뮤니케이션의 본질에 우리의 기존 권리 개념으로서 잘 포착
되지 않는 많은 지점들이 있다. 이 장에서 우리는 접근과 설계에 대한 근본
적인 재검토의 필요성을 제시하고 탐구할 것이다.

전형적인 휠체어 사용자를 머릿속에 떠올렸을 때, 우리는 '경사로(커브

컷)' 모델의 접근 문제를 생각하는 경향이 있다. 즉, 도시 환경 속에서 도로의 포장과 교차로 수정을 통해 휠체어 사용자뿐만 아니라 스쿠터 사용자, 이동 기술 및 보조 기구를 소지하는 다른 보행자들이 좀 더 편하게 이동할 수 있다는 것이다. 그러나 주거 환경에서 이런 유형의 공통적인 형태의 디자인과 수정은 쉽지 않다. 이것은 복잡한 접근성의 단면일 뿐이다. 접근에 대한 완벽에 가까운 정의는 캐나다 장애학자 타냐 티치코프스키(Tanya Titchkovsky)에 의해 제시되었다. 그녀는 접근을 '자신을 발견하는 특정 장소에 존재하는 것으로 체화되는 방식과 관련된 방법'으로 간주한다(Titchkovsky, 2011: 3).

> 그렇다면 접근은 참여의 사회 조직, 유대감과 긴밀하게 엮여야 한다. 접근은 합법적으로 확보되고, 물리적으로 측정되고, 정치적으로 보호되어야 할 뿐만 아니라, 사회적 공간에 있는 사람들 사이의 사회적, 정치적 관계를 조직하는 복잡한 형태의 인식으로 이해될 필요가 있다(Titchkovsky, 2011: 4).

티치코프스키(Titchkovsky)는 자신의 소속 대학교에 일반 사항으로 접근의 중요성에 대한 수용을 요청했을 때 직면하는 어려움들을 설명했다.

티치코프스키(Titchkovsky)는 일단 우리가 장애의 개념을 인식하게 되면, 우리는 종종 우리의 세계에 접근이 필요한 사람들과 그렇지 않은 사람들로 나누게 된다고 언급한다. 그녀는 우리에게 이러한 접근에 대해 당연시 여기는 관점들에 대해 의문을 제기하도록 촉구한다. 또한 그녀는 접근에 관해 당연시 여겨 온 관점들이 교육 기관과 같은 공간과 장소에서 존재하는 배제와 포함의 유형을 정당화한다고 주장한다. 그녀의 주장에 따르면, 우리는 더 많은 접근성 또는 더 나은 접근성을 위한 '요구'와 동시에, 접근을 우리 모두를 위한 공간, 사회 관계, 행동의 규범적인 구조 등 근본적인 내용으로 바라볼 필요가 있다고 말한다(Titchkovsky, 2011).

시각 장애 관객이나 사용자가 비디오, 텔레비전, 영화를 즐길수록 지원하는 공인된 방식을 예로 들어 보자. 화면 해설은 화면에서 일어나는 것들에 대해 추가적인 청각 정보를 제공한다. 화면 해설이 방송 매체, 영화, 비디오에서 정상적인 부분으로 받아들여지게까지 많은 노력이 필요했다. 화면 해설은 여러 가지 면에서 용이한 장치이다. DVD, 디지털 텔레비전, 심지어 컴퓨터 장치에서도 더 많은 정보와 트랙을 프로그램과 함께 제공할 수 있고, 실제로 인터뷰, 아웃테이크, 제작에 관한 정보 등을 제공할 수 있다. 그러나 화면 해설을 만드는 과정은 보기보다 훨씬 더 복잡하다. 그것은 시각적 매체가 전달하는 것에 대한 설명의 제작 또는 '읽기'가 포함된다. 따라서 시청자에게 어떤 의미나 측면이 중요한지, 어떤 부분이 화면 해설로 설명되어야 하는지 숙고할 필요가 있다. 비록 원칙과 규범, 화면 해설을 어떻게 해야 하는지에 대한 공통된 기대, 그리고 이를 전문으로 하는 전문가들도 있어야 하지만 우리가 어떻게 각자의 감각에 맞게 미디어를 번역해야 하는지 매우 복잡하다고 할 수 있다.

특히, 2012년 예술과 공연을 통해 창의적인 접근법을 공개 제안했을 때, 미시간 대학교의 워크숍 참가자들은 '교차 감각의 통역'을 경험했다. 장애 학자인 수잔 슈바이크(Susan Schweik)는 이 강의를 통해 장애가 종종 요구하거나 요청되는 것처럼 보이는 서사와 문학에서 전통적으로 시각적 작품의 텍스트로 이해되는 에크프라시스(ekphrasis)를 비교했다(Schweik, 2012; 다른 프로젝트는 Kudlick과 Schweik, 2014 참조). 이 아이디어는 우리에게 시각, 언어, 플라스틱 매체를 가로지르는 생각의 전통, 예를 들어 그림과 글귀 또는 음악과 건축 사이에서 해설을 구성하는 전통을 연상시킨다. 우리 모두는 감각에 걸맞게 해설을 살펴볼 수 있고, 따라서 창의적인 접근은 사람들에게 협소한 생각과 '장애' 관련 미디어가 갖는 제한된 이해를 크게 뛰어넘을 수 있다.

## 결론

이 장은 접근, 재현 및 법적 문제에서부터 점자, 시각 장애 라디오 및 텔레비전 자막과 같은 특정 미디어 형태에 이르기까지 장애와 미디어의 교차점에 대한 개요를 제공했다. 우리는 권능화와 불능화라는 두 가지 속성을 가진 구 미디어의 연속선상에서 새롭게 떠오르는 디지털 환경의 중요성을 소개했다.

다른 종족(인종 등) 집단과 미디어 관련 연구와 달리, 장애의 문제는 독특하며 미디어 연구 혹은 보건 과학 분야에서도 제대로 다뤄지지 않았다. 여기서 시사하는 바는 장애와 미디어가 도대체 무엇인지에 관한 우리의 개념이 시대의 요구에 뒤떨어져 있을 뿐만 아니라, 제한되고 부정확하다는 것도 의미한다. 즉, 장애는 이전에 생각했던 것보다 훨씬 더 다차원적이고 복잡한 사회 현상과 경험이라는 것이다. 장애의 새로운 사회적 좌표를 이해하고자 할 때, 장애는 우리에게 사회에 대해 좀 더 비평적인 설명과 함께 사회적 운영과 본질을 찾도록 이끈다.

미디어로 시선을 돌린다면, 간단히 언급했지만 장애는 좀 더 심층적인 부분에서부터 시작되어야 한다. 미디어와 커뮤니케이션 연구의 하위 유형인 페미니스트 미디어, 성과 미디어, 탈식민주의 미디어와 인종과 미디어, 또는 이주와 디아스포라(이산) 미디어에 비해 장애와 미디어 연구는 비록 전도유망하지만, 아직 초기 단계에 머물러 있다. 그러나 장애와 관련한 미디어와 커뮤니케이션학은 지적 즐거움과 열정으로 가득 차 있다. 이러한 지적 열정과 즐거움으로부터 미디어 변혁에 관한 중요한 개념적 발전과 이론들이 등장하고 있다. 개념, 이론, 사회적 변혁은 어떻게 연관을 맺는가? 결과적으로 장애와 미디어에 관심을 갖고 적절한 이론을 세우는 사람들의 분명한 방향이 여전히 두 가지로 분리되어 있고 독특한 이론적 프로젝트인 두 학문이 합류하고 있다.

# 제4장

# 장애 관련 뉴스

뉴스의 헤드라인은 사회의 지배적인 태도를 요약해서 전달한다. 장애와 관련한 헤드라인도 예외가 아니다. 다음과 같은 헤드라인 모음을 살펴보자.

가) '포기하지 않은 소년': 럭비 선수가 어떻게 자신의 장애를 극복하고 일류 로펌(법률회사)에서 일자리를 얻었는지에 대한 영적인 이야기(Levy, 2009)

나) '장애 퇴역 군인, 불가능한 미션을 수행하다': 전직 낙하산 부대원이 걷지 못할 수도 있다고 했다. '그는 듣지 않았다'(Springer, 2012)

다) '감동을 주는 장애 아동 이야기', 유튜브 영상 재생 목록(YouTube, 2013), '선견지명의 공학자, 인공 망막 개발'(Lin, 2013)

라) '위기의 사회 보장 프로그램, 장애 사기 청구': 210억 달러허위 장애 청구 금액(Wiser, 2013)

아마도 우리는 이런 헤드라인에 친숙할 것이다. 우리가 발견한 것과 같이, 미디어 보도 및 토론, 미디어 시청자, 소비자 또는 사용자의 주체로서 장애는 특정 방식으로 형상화된다. 이 장은 미디어가 장애를 어떻게 묘사하고 표현하는지, 그리고 장애를 가진 사람들은 어떻게 미디어 뉴스의 주요 행위자로 표현되는지 살펴보겠다. 우리의 논의 기조는 미디어에 관한 장애 재현성이 매우 중요하다는 것이다. 이는 성, 인종, 노령과 젊음, 계급 등 훨씬 더 많은 관심과 논쟁을 받은 사회적 범주와 마찬가지로 장애도 해당된다.

장애에 대한 미디어의 표현을 이해하는 데 있어 뉴스보다 더 좋은 것은 없을 것이다. 만일 우리가 뉴스에서 재현되는 장애를 잘 이해하고 있다면 우리는 고정 관념, 신화, 장애의 이미지를 해독할 수 있을 뿐만 아니라 그것들과 맞서 싸울 수 있다. 미디어에서 묘사되는 장애 재현은 사회적 정체성을 이해하는 방식에 상당한 영향을 미친다. 정체성 형성 측면에서 미디어의 영향은 상당하다. 이와 관련하여 전 호주 장애 협회 위원인 그레임 이네스(Graeme Innes)는 다음과 같이 말했다.

> 장애인들은 미디어에서 필연적으로 영웅 혹은 피해자로 묘사된다. 우리는 둘 중 어느 것도 아니다. 우리는 자신의 운명 주체자가 되고 싶을 뿐이다.

다음으로 뉴스 매체에서 장애가 어떻게 재현되는지를 탐색할 것이다. 기자 혹은 언론인들이 장애를 어떻게 묘사하는지 알아볼 것이다. 언론인들이 장애인 제보자(정보원), 유명인, 피해자 등과 어떻게 상호 작용하는지 탐색할 것이다. 그 다음 2012년 린던 패럴림픽 사례를 예증하고, 뉴스와 미디어를 통해 장애를 재현하는 창의적이고 새로운 접근 가능성을 탐구할 것이다.

# 뉴스

뉴스는 현대 미디어의 중추적 존재다. 산업 구조와 비즈니스 모델, 전문적 규범 등이 치열하게 변화하고 있지만(Anderson, Ogola, Wiliams, 2014) 뉴스는 여전히 사회적 기능을 유지하고 있다. 미디어 관련 고전 이론에서 뉴스는 제4의 권력으로서 미디어 역할의 핵심을 차지하고 있다. 뉴스는 시민들이 그들의 사회를 따르고 이해할 수 있고, 그것에 적극적으로 참여할 수 있는 정보를 제공한다. 언론은 뉴스를 통해 게이트 키퍼와 감시자로 오랫동안 그들의 역할을 완수해 왔다. 뉴스는 경험이 풍부한 언론인들이 공공 영역의 주요 문제들을 취재하는 탐사 저널리즘의 중요한 임무와 밀접하게 연관되어 있다. 이러한 모든 이유 때문에 뉴스는 사회적 태도를 형성하는 데 중요한 영향을 미친다.

뉴스 미디어는 그들만의 독특한 형식, 산업, 정치 경제, 관례, 조직을 가지고 있다. 전 세계적으로 뉴스들은 극소수의 주요 기업들에 의해 지배되고 있다. 그중에서 로이터 통신과 AFP는 가장 유명하고 오래된 통신사들이다. 영어권 방송인 CNN, Fox, BBC는 최근 아랍어 채널 외에 인기 있는 알자지라(Al-Jazzera) 영어 방송과 관계를 맺고 있다. 이런 글로벌 차원의 뉴스 특성은 이미 대세이다. 이것은 문화제국주의의 영향력으로 여겨지기도 한다. 그러나 뉴스의 글로벌 현상의 가시성은 단일 국가나 지역 현상에 대한 뉴스 해석과 기능을 잠식하는 측면도 있다(Boyd-Barrett and Rantanen, 1998; Sassen, 2007). 대부분의 뉴스는 여전히 국가적 수준에서 의미를 형성한다(Jensen, 1998). 그리고 지방과 지역적 맥락도 매우 중요하다. 여러 나라의 지역적 맥락들이 서로 협력하여 국가를 넘나드는 것, 즉, '초지역(translocal)'이라고 지칭하는 사례가 될 수 있다(Kraidy and Murphy, 2003).

뉴스 변화에 대한 설명이 중요하기 때문에 간단히 언급하겠다. 첫째, 정치와 민주주의에 대한 논쟁이 발생하는 공공 영역에서 기능을 수행하는 뉴스(및 미디어)의 고전적인 설명이 근본적으로 도전받고 있다(Wodak and Koller, 2008; Gripsrud 등, 2010). 이론가들은 일상생활의 중요성과 미디어 이해를 위해 사적 영역과 공적 영역 간의 관계를 변화시키는 것에 동의해 왔다(Silverstone, 2007; Coleman and Ross, 2010). 새로운 이론들은 새로운 장르의 생산적 역할을 이해할 수 있는 기회를 제공한다. 많은 사람들이 이제 코미디와 풍자의 형식을 통해 뉴스와 시사 문제에 접근한다(Gray, 2008; Gray, Jones and Thompson, 2009). 정보와 오락 사이의 관계는 유명인의 부상, 정보 오락 융합 형식 및 기타 개발과 같은 색다른 방식으로 재구성됐다(Turner, 2013; de Botton, 2014). 마지막으로, 융합형 디지털 미디어는 시민 저널리즘으로부터 친밀한 대중을 위한 뉴스(Berlant, 2008)에 이르기까지 새로운 종류의 뉴스 수집, 생산 및 배포(Chadwick, 2013)를 가져왔고, 소셜 미디어를 통해 뉴스가 개인에게 전달되는 것을 볼 수 있다(Papachrissi, 2010).

최소 30년 이상, 뉴스 속 장애 재현에 대한 관심은 지속되어 왔다. 대부분의 연구는 인쇄 매체, 특히 신문에서 장애의 재현을 조사한 것이었다. 2000년대 초반까지 이런 연구들은 뉴스 형태의 미디어에서 장애에 대한 고정 관념의 유형과 이들의 빈번한 출현을 설득력 있게 제시했다. 신문에 사용된 고정 관념에 대한 체계적인 설명을 최초로 제공한 학자는 J. S. 클록스톤(J. S. Clogston)이다. 클록스톤(Clogston)의 연구를 토대로, 베스 홀러는 그녀의 다수 연구에서, 특히 뉴스 측면에서 장애와 미디어를 조사했다. 그중 《비장애 중심 세계에서 장애 재현하기(Representing Disability in an Ableist World)》는 그녀의 대표작이라 할 수 있다(Haller, 2010). 초기 연구에서 홀러(Haller)는 내용 분석(content analysis), 즉 미디어 텍스트에서 콘텐츠를 체계적으로 선별,

코딩, 열거 및 분석하여 장애가 어떻게 묘사되는지 조사하였다. 홀러(Haller)와 다수 학자들은 내용 분석을 통해 어떻게 '뉴스가 장애를 프레임화'하는지 탐색했다(Haller, 2010). 참고로 프레임 이론이 미디어 연구 분야에서 중요하긴 하지만, 시간과 지면의 제약을 고려할 때 본서에서 깊게 다뤄지지는 않는다. 프레임 이론에서 가장 중요한 것은 핵심 규칙이다. 홀러의 명제에서 명백하게 드러나는 '프레임(frame)'은 세상에서 마주치는 현상에 어떻게 접근하고 이해할 수 있는가를 형성한다는 것이다(Entman, 1993, 2007). 뉴스 프레임은 다른 것을 간과하면서 특정한 사물, 태도, 개인적 자질을 강조함으로써 맥락을 만들어 내고 이야기 주위에 한계를 정하기도 한다. 블러드, 퍼트니스, 퍼키스(Blood, Putnis, Pirkis, 2002)가 설명했듯이 프레임은 뉴스 스토리를 '포장하는' 미디어 방식을 말한다. 사람들이 미디어 프레임에 의해 인식의 관점을 재구성한다는 것이다(Warren and Manderson, 2013).

홀러(Haller)와 다른 학자들은 프레임 이론을 장애에 적용하며, 언론이 장애 이야기를 전달하고 장애에 대한 대중의 의견과 의제를 형성하기 위해 명확히 정의된 프레임 세트를 사용해야 한다고 주장한다. 홀러(Haller)는 가장 일반적인 뉴스 프레임에 대해 설명을 제시한다. 먼저 그녀는 전통적인 프레임을 설명한다.

> 가) 의료적 모델: 장애는 질병 또는 불능으로 표시된다. 이 프레임에서 장애인들은 치료와 치유를 위해 의료 전문가들에게 의존하는 존재로 여겨진다.
> 나) 사회 병리학 모델: 장애인들은 불이익을 받고 국가나 사회에 경제적 지원을 받아야 하는데, 이는 권리가 아닌 시혜로 간주된다.
> 다) 슈퍼장애인(Supercrip) 모델: 장애를 가진 사람은 '초인적인'

능력(예를 들어, 오대양을 항해하는 시각 장애인)을 소유하고 있기 때문에 특별하다고 표현되거나 또는 장애인이 장애를 가지고 있음에도 불구하고 보통 사람들의 삶을 영위한다는 사실만으로 경이롭고 감동적으로 묘사된다. (예를 들어, 소프트볼을 하는 청각 장애 고등학생)

라) 경제 또는 비즈니스 모델: 장애인 관련 문제는 특히, 사회와 기업의 비용이 많이 든다. 장애인들의 사회적 접근을 높이는 것은 비용의 가치가 없고 사업에 과도한 부담까지 준다. 즉, 접근성은 전혀 이익이 되지 않는다(Haller and Zhang, 2010).

홀러(Haller)는 이러한 '부정적' 또는 역행적 프레임뿐만 아니라 1980년대 이후 장애와 관련하여 등장한 잠재적으로 긍정적이거나 '진보적' 프레임도 제시한다.

1) 소수자/시민권 모델: 장애인은 정당한 정치적 고충을 가진 장애 공동체의 일원으로 묘사된다. 장애인들은 다른 소수자 집단과 마찬가지로 그들의 정당한 권리와 관련하여 투쟁할 수 있는 시민권을 가지고 있다. 사회의 접근성은 시민권이다.

2) 문화다원주의 모델: 장애인은 다층적으로 제시되고, 과도한 관심을 받지 않는다. 그들은 보통 사람으로 묘사된다.

3) 법적 모델: 미디어가 특정한 방식으로 장애인을 다루는 것은 불법이라고 설명한다. 미국 장애인법과 다른 관련 법률들은 차별을 막기 위한 법적 도구로서 제시된다(Hollar and Zhang, 2010).

이러한 '진보적' 프레임은 여전히 세계를 바라보는 '방식'이며 현실을 부호화하거나 이해시키기도 한다. 많은 사람들에게 이러한 새로운 프레임은 장애에 대한 진보적 사회 태도로 나타나기도 한다. 이는 미디어 속 장애와 관련한 이야기가 발전했음을 의미한다.

장애를 가진 학술 연구자 라일리(Riley)가 미디어 매체와 토크쇼에서 페럴림픽 참가 선수였던 다리 절단 장애인 에이미 멀린스(Aimee Mullins)를 묘사할 때 사용했던 프레임은 좋은 예라고 할 수 있다. 뉴스 미디어 프레임이 사람들의 반응에 어떠한 영향을 미치는지 살펴보자. 그녀에 대한 기사 헤드라인은 다음과 같다.

'모든 장애를 극복한다'(그녀는 멀리뛰기 선수이지만 허들 경기 선수는 아니다) 또는 '자신만의 경주를 하다', '아무도 그녀를 막을 수 없다' 또는 '그녀의 용기 집중 분석'이다. 헤드라인 다음으로 보조기구 관련 회사의 사무실이 등장하는데, 많은 관련 기사들은 그녀의 성공을 '현대 의학의 기적' 또는 '생체역학'의 승리로 묘사했고, 멀린의 스토리는 고전 동화 코펠리아(Coppelia) 이야기(혹은 《600만 불의 사나이》의 여성 판)에 빗대어 형상화됐다.

2005년 라일리(Riley)의 에이미 멀린스(Aimee Mullins)의 장애 재현 방식에 대한 학술 연구는 오늘날까지도 회자되고 있다. 많은 현대 미디어의 장애 관련 기사 및 보도의 핵심이 감동을 주는 장애 인물의 존재 여부의 달려 있다는 것은 놀랄 만한 사실이다. 이것은 독자들에게도 놀라움으로 다가올 것이다. 결국, 더 많은 사람들, 어쩌면 '모두'가 장애에 대해 교화적으로 접근하면 안 된다는 사실을 잘 알고 있지 않을까? 주류 미디어에서 장애를 가진 사람들의 명성이 향상되었을 뿐만 아니라, 장애를 나타내는 범위도 훨씬 더 넓어지지 않았는가? 여기에 어떤 사실이 있다. 10년 전과 비교해 보면, 2014년 장애에 대한 태도와 미디어 묘사에 대한 인식은 훨씬 더 개선되었다는 데 동의한다. 어떤 면에서 기존 주류 미디어들이 '감동' 또는 '영감'의 시각을 통해 장애를 보는 방식이 교화적이지만 제한적이라는 것을 더 잘 알고 있을 것이다. 그러나 장애에 대한 전형적인 묘사는 최신식, 펑키, 소셜 및 디지털 미디어 속에서도 여전히 넘쳐난다.

좋은 예는 공유되고 소비되는 소셜 미디어의 공통적인 장애 표현에서 찾을 수 있다. 예를 들어, 2012년에 가장 인기 있는 동영상 비디오 중 하나였던 예비역 미군 아서 보면(Arthur Boorman)의 동영상이 있다. 희망과 감동으로 가득 찬 이 비디오는 15년 동안 걷지 못하고 심지어 과체중이었던 보면이 헌신적이고 의욕적인 요가 선생님의 아낌없는 지원과 도움을 통해 그가 어떻게 다시 걸을 수 있게 됐는지에 대한 이야기를 담고 있다. 이 비디오에 대해 한 네티즌은 다음과 같이 극찬했다.

> 우리는 이 이야기를 접하게 되어 매우 기쁘게 생각한다. 아서 보면은 걸프전 참전 용사였다. 의사들은 그에게 다시는 걷지 못할 것이라고 말했다. 그는 삶에 대한 의지를 잃었고, 심지어 고도 비만까지 되어 인생이 끝났다고 생각했다. 그는 모든 것을 바꾸기로 결심했다. 보면은 다시는 걸을 수 없다는 말을 들은 남자에서 공원을 마음껏 뛰어다닐 수 있는 남성으로 변모했다… 당신이 삶에 대해 불평하고 싶을 때 아서 보면을 기억하세요. 그렇다면 모든 것이 당신에게 달려 있다는 것을 직시하게 될 것입니다 (Jones, 2012).

이 인기 동영상(예비역 군인 장르)에서 장애는 인간의 정신을 자극하고 고양시키는 것이기 때문에, '반드시 시청해야 하는, 뉴스 가치가 있는 콘텐츠'로 틀 지어진다. 현대 온라인 소셜 미디어에서조차 계몽적인 도덕적 우화로 장애에 대한 일반적인 어필이 계속 유지되고 있다.

그런데 왜 이것이 문제가 될까? 미디어가 감동 또는 영감을 주는 자료들을 통해 우리들을 가르치려는 것이 꼭 좋은 일만은 아닐 것이다. 물론 이러한 이야기는 '저질' 뉴스나 쓰레기 같은 선정적인 내용보다는 낫다. 장애에 영감을 주는 신화가 왜 문제인지 이해하기 위해, 호주 램프업 장애 블로그 언론인 스텔라 영(Stella Young)이 제시한 다음과 같은 비판을 고찰해 보자.

우리 모두는 우리가 태어난 신체를 어떻게 사용하는지 배우거나, 그 신체가 장애 유무와 상관없이 그 상태로 적응하며 학습하는 법을 배운다. 손이 아닌 입으로 연필을 물고 그림을 그리는 소녀의 모습은 너무도 당연한 것이다. 그것은 그녀의 몸에 맞는 가장 좋은 방법일 뿐이다. 그녀에게는 너무나 평범한 것이다 (Young, 2012).

영은 이 주장을 고수한다.

나는 우리의 삶에 있어 어떤 특정 유형의 용기가 필요하다는 이상한 가정의 근원이 바로 우리가 장애에 대해 생각하는 방식을 형성하게 만드는 강력한 도구인 뉴스 미디어가 아닌지 의심하지 않을 수 없다. 대부분의 언론인들은 '장애 극복', '용기', '고통', '우울함', '휠체어에 갇힌' 또는 인기 많은 '감동 스토리' 등 특수한 문구 없이 장애인에 대해 글을 쓰거나 말하는 것이 불가능한 것처럼 보인다. 우리가 이처럼 (장애인에게) 꼬리표를 붙이는 방식에 대해 합리적으로 의문을 제기해 본다면, 우리가 비장애인에 대해 '기대'하는 바를 충족하지 못한다는 점을 알고 '씁쓸해질' 것이다(Young, 2012).

이것이 지나치게 과장된 것일까? 하지만 장애를 가지고 사는 것은 어렵지 않은가? '평범한' 삶을 사는 것도 성취가 아닐까? 이 일에도 필요한 '용기'를 높이 평가할 만큼 민감해져야 하지 않을까?

패럴림픽 참가 선수 커트 펀리(Kurt Fearnley)는 현대 호주 사회에서 장애를 가진 가장 잘 알려져 있는 인물들 중 하나다. 펀리(Fearnley)는 국민 영웅, 스포츠의 전설, 그리고 장애를 가진 영감을 주는 사람으로 다양하게 묘사된다. 그는 호주 미디어계에서 자주 노출되는 장애인이며 '장애를 두려워하지 말라'고 전 호주인들에게 호소한 그의 2013년도 연설로도 유명하다. 2012년 이전, 펀리(Fearnley)는 참가자들의 체중 감량 경쟁을 소재로 한 호주 리얼리티 TV 프로그램《최악의 낙오자(The Biggest Loser Australia)》에 출연했다. 2009년 펀리(Fearnley)는 그의 인지도를 활용하여 장애인이 비행기를 이용하여 여행할 때 직면하는 접근 불능과 모멸감을 부각시켰다. 펀리(Fearnley)가 제스타(Jestar) 항공사 소속 비행기에서 자신의 휠체어를 탈 수 없게 되자, 그는 '부적절한 의자'에 앉아 이동하는 것 대신 기어가기로 결심했다. 일부 언론은 그가 운동선수로서 힘을 인정하지 않고 기어 다니도록 '강요'받았다고 보도했다(Boston, 2009). 펀리(Fearnley)는 자신의 상황을 '바지를 내린 채 두 다리를 묶고' 공항을 통과한 비장애인을 빗대어 표현했다(Butson, 2009). 이 이야기는 전 호주 미디어의 주목을 받았다. 펀리에 대한 선택적 프레임의 핵심은 비판적 치열함, 감동과 운동 능력에 있다. 그는 헤드라인에서 명백하게 국민 영웅으로 묘사되었다. 공항에서 휠체어 모욕에 대한 펀리의 분노(Butson, 2009) 기사는 펀리가 브리즈번 공항에서 짐과 함께 휠체어를 타고 들어가는 것을 확인하라는 요구를 받게도 했지만, 그가 국민 장애인 시상식 만찬에서 이 경험을 재조명한 후, 인권위원회와 제트스타로부터 받은 지지도 있게 만들었다.

이와 대조적으로, 뉴스 미디어가 장애 옹호자인 쉴라 킹(Sheila King)이 유사한 상황에서 동일 항공사를 고발했을 때 그녀를 묘사한 보도 방식을 살펴보자.

킹(King)은 다른 두 명의 휠체어 사용자들이 이미 같은 비행기를 예약했기 때문에 탑승에서 제외된 후 제트스타에 대한 소송 절차를 개시했다. 킹은 제트스타의 각 비행기에 단 2인의 휠체어 사용자만 공간을 배정한다는 정책이 장애인 차별이라고 주장했다. 킹은 소송에서 패소했고 살해 위협까지 받았다. 다른 장애인들도 비행기 여행을 할 수 있다는 영감의 원천으로 사용된 펀리(Fearnley) 사례와 대조적으로 킹(King)은 배은망덕한 말썽꾸러기로 묘사됐다. 《시드니 모닝 헤럴드(The Sydney Morning Herald)》의 보도 내용을 검토해 보면, 그 사건과 킹(King)의 후속 비판 제기가 어떻게 묘사되었는지 매우 흥미로운 패턴을 발견할 수 있다. 특히, 논란의 프레임이 선택되는 과정과 이에 따른 여론이 재현되는 방식을 주의 깊게 볼 필요가 있다.

'경제/비즈니스 모델' 프레임을 통해 묘사된 킹(King)의 사례에 대한 보도이다. 그 기본 가정 중 하나는 '장애는 사회에 부담이 된다. 특히 기업의 부담은 크다'이다(Haller and Zhang, 2010). 킹(King)의 '편의 제공'에 대한 요구가 권리로서 제시되지 않고, 오히려 시혜 또는 보상으로 주어져야 하는 '사회병리학'의 프레임으로 전개됨으로써 그녀의 요구는 '비합리적'이고, 그녀의 문제 제기는 배은망덕한 것으로 격하된다. 스텔라 영(Stella Young)이 지적했듯이, 배은망덕한 장애인 당사자가 구조적 불평등에 대해 의문을 제기했을 때 백래시(역반응 또는 반감)로 나타나는 익숙한 이야기다. 이제까지 우리는 위의 두 인물에 대한 기사의 프레임을 검토했고, 이제는 해당 기사들에 대한 독자들의 논평을 다루며 프레임이 독자의 이해와 수용에 어떠한 영향을 미치는지 살펴보도록 하겠다. 온라인 코멘트에는 다음과 같은 내용이 포함됐다.

> '관광버스 타면 되잖아.'
> '일부 휠체어 이용자는 너무 무지해서 우리가 그들을 위해 모든 것들을 해 줘야 한다고 믿는다.'
> '킹 여사(Ms King) 덕택에 우리는 1백만 호주 달러를 세금으로 더 지불하게 생겼다.'
> '이 여자가 져서(우리가 과다한 세금을 안 내서) 다행이다(Horin, 2012).'

문제의 언론인들이 의존하는 출처의 관점에는 매우 흥미로운 과정이 작동하고 있다. 펀리(Fearnley)에 대한 인용 문구는 감동적인 내용을 부각시킨다. 그에 비해 킹(King)에 대한 직접적인 인용은 주로 그녀의 배은망덕한 태도를 묘사하는 데 사용됐다.

> 사람들은 대부분 '그냥 참고 살아요. 당신이 장애인이 된 것은 우리의 책임이 아니잖아요.'와 같은 글들을 댓글로 썼다. '우리가 그렇게 잘해 줬는데 어떻게 모를 수가 있죠? 법정에서 보자구요 (Horin, 2012).'

편리(Fearnley)와 킹(King)의 항공 여행과 관련된 문제가 유사함에도 불구하고, 두 사람의 경험을 지배하는 각각의 프레임은 분명히 달랐다. 이것은 각각의 기사와 함께 찍은 사진에서도 볼 수 있다. 《더 에이지(The Age)》 기사는 편리(Fearnley)가 패럴림픽에 출전한 것과 함께 그가 파푸아 뉴기니(Papua New Guinea)의 코코다 비행장(Kokoda Trail)에서 기어 다니는 모습을 담고 있다. 그에 비해 킹(King)의 이미지는 국가적 자부심과 정체성에 대한 어떤 개념도 불러일으키지 않았다. 그녀를 다룬 기사는 야자수 나무 아래 베란다에서 캐주얼한 복장 차림으로 휠체어에 앉아 편안히 쉬고 있는 그녀의 모습이 담긴 사진을 전면에 내세웠다. 킹은 '휠체어에 의지하는 여자'(Hall, 2012)로 묘사된 반면, 편리(Fearnley)는 '휠체어 마라톤 챔피언'으로 묘사된다(Butson, 2009).

편리(Fearnley)에 대한 우리의 이해는 애국적 민족주의에 밀접하게 연관되어 있다. 편리(Fearnly)의 이전 성공은 본질적으로 중요하게 다루어진 반면에 킹(King)의 접근성 소송 이후 납세자들에게 더 많은 돈을 지불해야 하는 것과 관련 있게 묘사됐다. 편리(Fearnley)는 '호주의 투쟁 운동가(Aussie Battler)'인 반면 킹(King)은 '칭얼대는 투덜이'일 뿐이다. 편리(Fearnley)는 멋진 남자 운동선수로 구현되어 있고 킹(King)은 법을 악용하는 늙은 간청녀로 묘사돼 있다. 편리(Fearnley)는 이 세 편의 기사에서 킹(King)보다 더 자주 직접적으로 인용되고 있으며, 문제 제기 없이 자신과 다른 장애인들을 대변할 수 있도록 허용된다. 반면 킹(King)은 법률 센터(Redfern Legal Centre) (Horin, 2012) 회장 니콜라스 패트릭(Nicolas Patrick)과 같은 이른바 전문가들의 발언에 의해 규정된다. 킹(King) 자신이 장애 당사자 겸 장애 옹호자로서 전문가임에도 불구하고 말이다.

지금까지 우리는 뉴스 미디어가 장애를 어떻게 나타내는지 소개했다. 이

중 펀리(Fearnley)와 킹(King)에 대한 연구는 훌륭한 예라고 평가한다. 이 연구에서 우리가 중요하게 볼 것은 장애가 단순히 이해하는 방식에 대한 문제가 아니라는 것이다. 더욱이, 이 이슈에 대한 관심이 부족하다는 사실은 이슈의 본질을 더욱 복잡하게 만든다. 오히려 장애는 사회적 삶이나 문화의 측면을 이해하는 특정한 이미지와 은유, 해결 방식이나 스크립트를 제공한다는 것이다. 예를 들어, 과학적 발견이나 보건의 발달에 관한 뉴스는 흔히 뉴스거리나 속보로 제시된다. 왜냐하면 이것들은 장애에 대한 '치유'를 담고 있기 때문이다. 또는 사회의 많은 사람들은 장애 공동체를 위해 자선 사업을 행함으로써 큰 뿌듯함을 느낀다. 우리는 이 주장에서 한 걸음 더 나아가 뉴스의 구조화와 장애가 깊은 연관을 맺고 있음을 시사한다. 이것은 성이나 인종에 대해 뉴스가 영향을 미치고 있다는 비판 및 주장과 맥락을 같이 한다. '뉴스'로 정의된다는 것은 저널리즘의 규범과 관습이 성별이나 인종에 작동하여 지엽적인 인식을 만든다는 것이다. 이 주장은 장애에도 유효하다.

프레임 이론과 분석은 뉴스에 나오는 개인과 집단의 재현을 이해하기 위한 수많은 접근법 중 하나에 불과하다. 그것은 우리가 지적한 바와 같이, 특히 클록스톤(Clogston)과 홀러(Haller)의 작업을 통해 장애 뉴스 연구에 영향을 끼쳐 왔다. 그것은 우리가 뉴스 미디어와 언론에서 발견하는 장애를 바라보는 것에 대해 생각할 수 있는 분명한 방식을 제시했다. 미디어 연구에서 장애를 연구하는 데 흔히 활용되지 않는 뉴스 이미지, 구조, 서사, 기호학, 담화 등을 탐색할 수 있는 여러 가지 방법들이 존재한다. 장애와 뉴스에 대한 대응과 분석에서 우리가 직면하고 있는 문제들 중 하나는 장애와 뉴스가 생산해 내는 다양하고 모순되는 의미와 함의에 있다. 이 사안은 장애와 미디어 영역에서 가장 핵심적인 우려 사항이다.

## 장애 관련 뉴스의 재구성

뉴스의 '불능화'에 대한 강력한 반발은 학술 연구자들로부터가 아니라 장애 운동 옹호자로부터 나온 것이다. 전 세계적으로, 수많은 단체들은 장애가 미디어에서 정확하거나 적절하게 표현되지 않았고, 시정 조치가 필요한 사안이라고 주장해 왔다. 그들의 주요 관심사는 미디어 기관, 편집자, 언론인들이 장애를 보도하는 방식에 대한 지침의 공식화였다. 찰스 라일리(Charles Riley)는 그의 저서 《장애와 미디어(Disability and the Media, 2005)》에서 '장애인 표현에 대한 미디어 지침서'란 부록을 제공한다. 적어도 20년 동안, 사회적으로 비중 있는 조직과 기관들은 장애에 대한 언론의 인식과 이해를 증진시키기 위해 활용 가능한 가이드라인을 고안하고 만들었다. 좋은 예로 유엔(United Nations, UN) 소속인 국제노동기구(International Labour Organization, ILO)가 마련한 일련의 지침을 들 수 있다.

> 장애인들에 대한 묘사와 그들이 미디어에 나타나는 빈도 수는 장애인의 사회적 대우에 큰 영향을 미친다. 미디어가 존엄과 존중을 가지고 장애인을 표현하는 것은 더 포용적이고 관대한 사회를 촉진하며 비차별적이고 동등한 기회의 풍토를 조성하는 데 이바지한다(ILO, 2010).

ILO는 국제 노동 기구이기 때문에 만인을 위한 균등한 노동 기회에 관심이 많다. 그래서 이 가이드라인은 다음과 같은 원칙들을 제시한다.

가이드라인은 미디어가 어떻게 하면 장애 여성 및 남성의 긍정적이고 포괄적인 이미지를 촉진하고 경제 및 사회의 모든 수준에서 장애인이 차별받지 않고 동등한 기회를 가질 수 있는 환경을 조성할 수 있는지 실질적인 조언을 제시한다. 가이드라인은 언론인, 방송인, 사회자, 프로그램 제작자, 발표자로 일하는 사람들을 위한 것이다. 또한 웹 편집자로 일하는 사람들과 인터렉티브 멀티미디어 상품들과도 관련이 있다. 가이드라인은 국제노동기구(ILO)와 아일랜드 원조 파트너십 프로그램의 고용 촉진 프로그램을 포함시킴으로써 장애 여성 및 남성들을 위한 바람직하고 생산적인 일을 장려하겠고 약속했다(ILO, 2010).

장애인 인식 제고를 위한 중요한 도구임에도 불구하고, 이러한 지침의 효과는 주요 쟁점이 되어 왔다.

캐나다와 이스라엘의 신문 보도에 관한 게일 오스랜더(Gail Auslander)와 노라 골드(Nora Gold)의 연구에 따르면, 장애 용어에 대한 공식적인 지침의 기록에 혼선을 빚고 있다.

보다 사려 깊은 용어를 채택하지 못한 이유는 '불능(disability) 언어'의 수용 여부에 대한 합의 실패, 불능 언어 사용의 결과에 대한 증거 부족, 미디어와 출판사의 적절한 언어 사용 실패, 그리고 사려 깊은 언어 사용에 수반되는 고충이 있다. 나는 좀 더 민감한 표현을 쓰는 성격이다. 한 학자에 따르면, 장애 용어에 대한 언급을 포함한 지침서는 종종 기자들에 의해 '회의적'으로 받아들여지거나 혹은 '완전히 무시'당한다(Auslander and Gold, 1999: 1396).

보다 심층적인 차원에서 오스랜더와 골드는 다음에 주목한다.

장애인을 언급할 때 적절한 용어를 채택할 필요성에 대해 많은
의견이 제시되었다. 그러나 부적절한 언어와 장애인에 대한 태
도 사이의 관계를 증명하는 명확하고 일관된 연구 결과들은 아
직 존재하지 않는다(Auslander and Gold, 1999: 1397).

오스랜더와 골드는 많은 문제점들이 있지만 자신들의 연구에 근거할 때,
장애 용어를 개선하기 위한 노력이 더 나은 실증적 기반을 확보할 수 있다
고 보았다.

올바른 언어 사용이 성공적으로 교육될 수 있다는 증거를 고려
해 보면…. 대중 매체는 광의적인 노출과 잠재적인 영향력을 가
지고, 그러한 노력을 투자하기에 적절한 도구가 된다(Auslander
and Gold, 1999: 1404).

2008년 호주 학자 숀 번스(Shawn Burns)는 뉴사우스웨일스주(New South
Wales) 장애 위원회(원래1994년)가 공포한 미디어 가이드라인를 분석하여 다
음과 같은 사실을 발견했다.

'몽고인(다운증후군)'이나 '지체'와 같은 단어들은 장애 맥락에서
언론인들이 사용하지 않았다. 하지만 90년대 언론인들은 '휠체
어에 의지한다', '나는 장애를 앓고 있다' 등과 같은 부적절한 장
애 표현을 여전히 사용했다(Burns, 2010: 280).

비록 뉴스와 장애의 영역에 관해 아직 갈 길은 멀지만, 번스(Burns)가 설득력 있게 주장하듯이 미디어 가이드라인은 확실히 제자리를 잡고 있다.

> 지침서의 유용성은 바로 여기에 있다. 이 가이드라인은 언론인, 교육자, 학생들이 사용하는 단어들을 비판적으로 평가하도록 장려한다. 왜냐하면 단어들은 그들의 거래 도구들이기 때문이다. 미디어 가이드라인은 장애협의회의 지침서와 마찬가지로 인식을 증진시키기 위한 수단이다. 미디어 가이드라인을 독선적이라고 보는 것은 문제가 있고, 단순히 '정치적 올바름'의 일환으로 취급되는 것도 문제가 있다(Burns, 2010: 281).

확고하게 정립된 것은 아니지만, 뉴스와 미디어의 장애 재현에 관한 공식적 또는 비공식적 지침서는 나름대로 그 위치를 인정받고 있다. 그러나 오늘날 이러한 지침은 장애인에 대한 전반적인 접근 방식에 있어 단순한 문제일 뿐이며, 실제로 장애 및 언어에 대한 많은 문제들은 수어(수화)인의 언어권 등과 같이 다른 곳에 있다(Corker, 2000). 사실 언어, 사회 관행 및 정체성, 정치, 제도 간의 관계는 복잡하다(Wilson and Lewiecki-Wilson, 2001). 더욱이, 뉴스와 장애에 대한 조치는 여러 면에서 디지털 플랫폼과 경제/비즈니스 뉴스 그 자체의 변화뿐만 아니라 뉴스 미디어가 어쩔 수 없이 관계할 수밖에 없는 구조적, 정치적, 사회적, 문화적 변화 때문이기도 하다. 오랫동안 언론의 성격을 규정했던 주류 미디어들은 이러한 변화를 일으키지 못했고, 이러한 변화의 핵심도 되지 못했다. 오히려 이러한 변화를 촉발시킨 것은 뉴스와 미디어 분야가 아니라 스포츠와 오락 분야였다. 이러한 역할을 가장 잘 보여 주는 사례 연구는 미디어에 있어 가장 큰 장애 관련 세계적 행사인 패럴림픽일 것이다.


## '용감하고 새로운 세계'?: 2012년 런던 패럴림픽의 장애 뉴스


스포츠는 사회의 중요한 부분이며, 미디어에게는 매우 큰 비즈니스이기도 하다(Miller et al., 2001; Boyle and Haynes, 2009). 장애를 가진 사람들을 포함해서 전 세계 모든 사람들은 꾸준히 높은 비율로 스포츠에 참여하고 있다. 장애 유무와 상관없이 점점 더 많은 사람들이 스포츠를 시청한다. 엘리트 스포츠는 관중이 집중적으로 소비하는 스포츠이다. 대부분의 미디어 형식에서 스포츠는 주류이고 특히 방송, 인쇄, 온라인 및 모바일 미디어(Hutchins and Rowe, 2012; Rowe, 2012; Hutchins and Rowe, 2013)를 지배하고 있다. 디지털 미디어 플랫폼에서 스포츠 보도 양과 취재 경쟁이 이루어지고, 스포츠 방송 중계권에 대한 갈등으로 나타난다. 사람들이 콘텐츠를 선택할 수 있는 인터넷 능력이 있음에도 불구하고, 스포츠 단체들은 방송국 통제를 위해 노력한다. 오직 허가받은 언론인들, 미디어와 권리 소유자들만이 이미지와 콘텐츠를 기록하고 배포할 수 있도록 허용된다(Lefever, 2012).

통합 디지털 환경 속에서 스포츠의 주요 특징은 스포츠가 팬들을 엄청나게 끌어모은다는 사실뿐만 아니라 사람들이 경기를 시청하는 의식을 애호한다는 것이다. 또한 스포츠가 이벤트 행사(예: 월드컵 축구)를 추구하는 것도 간과해서는 안 된다. 사용자와 시청자에 의해 불법 다운로드되어 그들이 원할 때마다 어디에서든 프로그램을 시청할 수 있는 미디어 세계에서 유료 방송은 소비자로부터 큰 압력을 받고 있다. 만약 사람들이 특정 이벤트 행사에 대해 듣고, 보고, 읽기를 간절히 원한다면, 그들은 무료 미디어 인터넷이 있음에도 불구하고, 유료로 이벤트 행사를 시청하고 싶어 할 것이다. 스포츠는 다수 미디어 이벤트를 제공하며 그것들 중 일부는 거대하고 세계적인 규모로 진행된다. 세계적 규모의 미디어 행사의 예는 월드컵 축구(World Cup football), 미국 슈퍼볼 축구(US Super Bowl football), 농구(Basketball), 포뮬러 1 그랑프리 자동차 경주(Formula 1 Grand Prix car racing), 윔블던 테니스(Wimbledon tennis), 스모 레슬링(sumo wrestling), 한국 스타크래프트(Starcraft)와 워크래프트(Warcraft) 현상과 같은 새로운 e스포츠 등을 들 수 있다. 스포츠와 미디어의 최고 정점에는 올림픽이 있다.

다른 미디어 이벤트는 규모, 범위, 인기 측면에서 올림픽에 비할 수 없다. 미디어 이벤트는 다얀(Dayan)과 카츠(Katz)와 같은 미디어 학자들에 의해 주목받기 시작했다. 다얀과 카츠는 20세기 후반 미디어와 결탁하고 소통하는 사회의 관례로서 특정 스포츠 이벤트의 놀라운 본질을 조사했다. 글로벌화와 관련된 변화, 특히 1990년대 초반(Wark, 1994) 이후, 그리고 다얀과 카츠의 고전적인 연구가 발표된 이후(Dayan and Katz, 1992), 학자들은 미디어의 사회적 역할에 있어 분산된 글로벌 미디어 시스템과 미디어의 지속성을 설명하려고 노력해 왔다(Couldry, Hepp, Krotz, 2010). 고대 그리스 스포츠에 뿌리를 둔 올림픽은 진정한 국제적인 운동이 되었고, 국가 간의 대립과 갈등이 면밀하게 작동하는 각축장이었기도 했다. 올림픽을 개최하는 것은 한 국가, 즉 개최 도시를 위한 거대한 사업이며, 이러한 점에서 중요한 요소는 진정한 미디어 도시를 건설하는 것이다(Price and Dayan, 2008). 올림픽에 대한 방송과 다른 언론 관련 권리는 보호될 뿐만 아니라 수익성도 높다. 올림픽은 큰 사업이며 미디어 경제 측면에서 크게 보일 수밖에 없다(Gratton et ah, 2012). 올림픽은 경제성과 더불어 각국이 세계 매체를 통해 그들 자신에 대한 의미를 전달할 뿐만 아니라 국가적 자부심의 원천이 되기도 한다.

현대 올림픽은 사회와 그 구성원들에게 중요한 것과 인간이라는 것이 무엇인지를 알려 주는 상징, 기호이자 대표로 간주된다. 올림픽은 인간의 힘, 지구력, 한계에 대한 궁극적인 시험으로 받아들여진다. 그들은 개인의 노력과 팀워크, 협업과 경쟁의 균형을 맞춘다. 또한 올림픽은 경기력을 보조하는 과학과 기술 관련 격렬한 논쟁과 '부정행위' 그것이 약물의 형태건, 수영복 유형이건, 허용 한계를 넘어서는 장치 등에 대한 논란도 존재한다. 올림픽 개막식과 폐막식은 모든 면에서 연극적이다. 개/폐회식은 개최국의 이야기, 성공, 도전을 보여 주고, 인간의 삶과 사회에서 스포츠의 역할에 대해 깊이 생각하게 만들며, 화려하고 고도의 안무로 표현되는 의식이다. 2012년 런던 올림픽은 '농업의 시작부터 비틀즈(Beatles) 그리고 J.K와 같은 대중문화 성공까지 모든 것을 보여 주었을 뿐만 아니라, 영국의 전통과 문화를 헌정'했다(Taylor, 2012). 올림픽은 사회와 미디어에 장애가 있는 곳을 이해하는 데 매우 중요한 장소인 것으로도 밝혀졌다.

우선, 올림픽은 여전히 장애를 가진 많은 선수들을 배제한다. 선수들의 손상이 경기 종목에 영향을 미치거나 경기 출전을 방해할 때, 그들은 장애인 올림픽(또는 다른 이벤트, 특수 올림픽)이라는 별도의 이벤트에 참가하도록 요구받는다(Thomas and Smith, 2009). 패럴림픽은 특정한 장애를 가진 선수 계층들 사이에서 평등한 경기를 보장하는 것을 목표로 하는 자체적인 규칙을 가지고 있다. 수십 년 동안, 패럴림픽은 사회와 언론 모두에게 진지한 스포츠나 관중 동원 행사로서 거의 인정받지 못했다. 최근 몇 년 동안, 올림픽 개최 국가는 (비장애) 올림픽 바로 직후에 열리는 패럴림픽을 주최해 왔다. 그러나 패럴림픽의 보도 방식은 한마디로 말해 '불능'적이었다. 비록 통합된 이벤트로 개최가 가능함에도 불구하고 앞서 언급했듯이, 장애인 선수들의 이벤트는 올림픽과 완전히 분리됐고, 패럴림픽이라는 별도 행사로 개최

됐다. (비장애) 올림픽 종목별로 남성과 여성을 분리한 것처럼 말이다. 패럴림픽에 관심이 있는 사람은 극히 드물고 재정적인 지원, 홍보, 매스컴의 주목도 거의 받지 못했다. 이 장 전체에서 개략적으로 설명했듯이, 패럴림픽의 뉴스 보도는 프레임, 이미지와 메타포에 지배당했다. 우리 저자들 중 한 명과 장애 학자 고(故) 크리스토퍼 뉴웰(Christopher Newell)은 2000년 시드니 (비장애) 올림픽과 패럴림픽의 뉴스 보도를 연구했는데, 연구 결과는 다음과 같은 함의를 갖는다.

> 패럴림픽에 대한 미디어 보도와 장애 개념의 수용에서 복잡하고 모순적인 미디어 텍스트를 생산하는 사례들이 다수 발견됐다. 많은 이야기가 여전히 '용감한 엘리트 선수', '특수한 사람들', '특출난 성취'에 대한 전형적인 고정 관념에 의존했다(Goggin and Newell, 2000: 78).

2000년 시드니 올림픽의 비전은 어두워 보였다.

> 패럴림픽에 관한 보도는 엄격하게 제한되고 주변화된 스포츠의 특별 사례로 남아 있는 경향이 있었다. 일반 경제에 지속적으로 영향을 미치는 비장애 중심적 미디어 장애 재현이었다(Goggin and Newell, 2000: 80).

고긴과 뉴웰은 패럴림픽 관련 미디어 보도의 지배적 신화를 다음과 같이 주장했다.

장애를 극복하는 엘리트 운동선수는 장애인을 억압하는 사회의 공고화된 권력 관계와 규범을 의미한다. 이러한 권력 관계와 규범들은 개인에 의해서 만들어진 것이 아니라 사회에 의해 만들어진 것이라고 보는 것이 타당하다(Goggin and Newell, 2000: 80).

이 논쟁은 2004년과 2008년도 올림픽과 패럴림픽에서 더욱 거세졌다 (see, for example, Gilbert and Schantz, 2008; Peers, 2009; Legg and Steadward, 2011). 2010년대 중반은 상황이 크게 변할 것으로 예상했겠지만, 결과는 예상에 못 미쳤다.

분명 패럴림픽의 위상이 스포츠와 미디어에서 상당 부분 향상된 것은 사실이다. 2012년 런던 올림픽 때, 패럴림픽은 올림픽의 일부 개최에 가까웠다. 게다가 2012년 패럴림픽은 전례 없는 언론의 주목을 받았고, 패럴림픽 그 자체로 상당한 스포츠 행사로 인정받았다. (이와 관련하여, Howe, 2008 참조) 패럴림픽 관중들은 여전히 비장애인 올림픽 경기들에 비해 훨씬 낮은 수준의 관전을 보였지만, 일부 패럴림픽 종목들 관중 수는 상당히 많은 편이었다. 언론인들은 패럴림픽에 참가하는 스포츠와 운동선수들을 이해하고 보도했고, 고정 관념과 공격적 언어를 넘어 보호하려는 진정한 시도도 보였다. 언론 매체와 스포츠 관련 다수 장르들은 패럴림픽을 다루었다. 그런 프로그램들은 '연예나 오락 등과 같은 가벼운' 뉴스 시사, 채팅, 풍자와 코미디, 오락 '새로운' 뉴스 형식과 장르, 그리고 잘 확립된 '정치나 시사 등과 같은 무거운' 뉴스였다. 이 모든 것에도 불구하고 가장 근본적인 모순은 여전히 남아 있다.

패럴림픽 관련 언론 보도의 장단점은 화려한 올림픽 개막식에서 여실히 드러난다. 2012년 장애인 올림픽 개막식은 '계몽적인' 올림픽 정신과 관련해서 새 시대의 도래를 알림과 동시에 사회와 장애에 대한 의문도 함께 제기했다. 개막식 공연 '패럴림픽의 귀향'은 저명한 물리학자 스티븐 호킹(Stephen Hawking)이 참가 선수들에게 '당신의 다리를 보지 말고 하늘 위에 있는 별을 보세요'라고 촉구하며 시작됐다. 인간은 창의적이고, 무한 잠재력을 과학을 통해 발견할 수 있다는 은유가 눈부신 모습으로 비쳐졌다. 아이작 뉴턴(Isaac Newton) 경과 중력의 발견은 세계인권선언의 본문을 보여 주는 공전하는 책과 사과를 통해 형상화됐다. 윌리엄 셰익스피어(William Shakespeare)《템페스트(Tempest)》의 영감으로 만들어진 개막식은 연극 형식으로 공연됐다. 프로스페로(Prospero)(이안 맥켈런 경)와 장애인 미란다(니콜라 마일즈-월든)는 다음과 같이 선언한다. '오, 용감한 신세계여.' 프로스페로의 책들은 거대한 형태로 나타났고, 그 뒤를 이어 과학계의 위대한 순간들이 연이어 나타나 빅뱅으로 막을 내렸다. 참가 선수들의 행렬은 꼬리의 꼬리를 물며 마침내 영국 선수단의 입장으로 절정을 이룬다. 금색과 흰색 옷을 입고 노래하는 가수 데이비드 보위(David Bowie)의 노래 '우리는 단 하루만이라도 영웅이 될 수 있다.'에 모든 이들은 환호했다. 장애 예술 운동에서 오랫동안 육성되어 온 창의성의 풍성함은 데이비드 툴(David Toole)의 아름다운 솔로 춤, 그라이어(Graear) 극단이 공연한 이안 드루리(Ian Drury)의 '스파스티쿠스 오스티스티쿠스(Spasticus Austisticus)'로 절정을 이뤘고, 시각 장애인 오페라 가수 데니스 레이(Denise Leigh)의 완벽한 목소리가 동시에 수어(수화)로 통역되었다.

올림픽 이벤트의 강력한 힘은 우리 사회의 다양성 인식과 관련되어 있다. 이제 공식적인 행사와 글로벌 미디어 이벤트에서 장애인들이 주연 역할로 중앙 무대에 서 있는 다양한 모습을 보다 많이 볼 수 있다. 많은 관중들이 운집한 주경기장에서 수어(수화)로 국가를 부르고 영국 여왕과 국회 그리고 고위 관료들에게 예의를 표하는 것은 우리 모두에게 그 자체로 의미가 있다. 그러나 이 마술 같은 축하 행사 또한 장애와 사회를 빗댄 연극의 상황과 관련된 핵심적인 갈등과 문제들을 분명히 내포하고 있다.

2000년 시드니 패럴림픽과 비교했을 때, 2012년 런던 올림픽과 패럴림픽에 대한 미디어 보도는 장애인과 비장애인 선수들에 대한 취재 방식에 있어 큰 차이를 보이지 않았다(Howe, 2008). 우리는 이제 장애를 극복한 '용감한' 운동선수들에 관한 이야기를 그렇게 많이 듣지 않는다. 다른 운동선수들처럼 장애인 운동선수들도 유명세를 치르는 경우도 있다. 미디어는 장애인을 유명 인사로 보는 데 있어 어려움을 겪는다. 영화《슈퍼맨》의 크리스토퍼 리브(Christopher Reeve)처럼 가끔 작은 규범의 틀 안에 규정되는 예외도 있다. 어쨌든, 패럴림픽에 대한 미디어의 관심 증가와 함께 새로운 장이 열렸다. 장애인들의 신체, 정체성, 이야기, 괴짜들이 화제가 됐고 이러한 화제들은 그들이 유명 인사가 되는 데 있어 중요한 역할을 했다. 패럴림픽은 브랜드, 상품, 위인전기와 유명세라는 부분에서 장애 경기 및 공연과 스토리를 애호하는 미디어 시청자들, 그리고 그들이 추종하는 장애를 가진 유명인들이 있다는 것으로 탈바꿈했다. 유명한 장애인 선수들은 현대판 영웅이자 악인이며, 스포츠 영웅들 중 으뜸으로 평가받는다.

장애와 미디어 관련 모든 증거 사례들을 종합해 볼 때, 패럴림픽은 장애에 대한 사회적 사유를 구체화한다. 미디어는 이러한 사회적 사유를 반영한다. 일반 '용감한' 선수들은 '슈퍼 장애인' 프레임을 동반한 '초인'들에게 압도당한다. 즉 '슈퍼 장애인' 및 관련 담론이 여전히 영향력을 미친다는 것이다(Silva and Howe, 2012; Misener, 2013). 다수 미디어 해설자들은 장애와 관련하여 아직도 개막식과 폐막식 등의 이벤트 행사뿐만 아니라 일반 보도를 진행함에 있어서 장애 관련 규칙, 문화, 그리고 스크립트의 부재를 절실히 느긴다. 패럴림픽 보도는 인간이 취약함에서 벗어나고픈 욕구에 관한 내용이 내재되어 있다. 장애에 대한 과감하고 새로운 관점은 정확히 이중적 제한에 놓여 있다. 패럴림픽이 우리에게 보여 주듯이, 장애는 정상에 대한 새로운 기준이 되고 있다.

장애 인식과 수용은 여전히 '장애 극복' 및 '장애 초월'에 대한 찬사에 국한되는 경향이 매우 강하다. 여기서 패럴림픽에 대한 현대 미디어의 재현은 엘리트 장애 스포츠와 일부 기대주 선수들을 (비장애) 엘리트 스포츠 대열에 합류시켰다. 다만 이러한 합류에 장애 여성 선수들이 들어갈 자리는 많아 보이지 않는다. 성과 인종과 같은 민감한 주제처럼, 스포츠에서 비장애인과 장애인의 불편한 동거 이슈가 발생하기도 한다. 정상이라는 것은 여전히 중대한 결함, 손상, 기형 혹은 흠결이 없는 완벽한 몸을 의미한다. 그래서 엘리트 장애인 선수에게는 장애의 몸으로 정상이 되어야 하는 것이다.

스포츠에서 중요한 위치를 차지하고 있는 장애는 여전히 개인뿐만 아니라 국가 및 국제 사회 수준에서 인간이 소중한 이상에 도전할 수 있다는 큰 힘을 가지고 있다. 스포츠 뉴스와 미디어에서 증명된 것처럼, 장애를 이야기하는 방식이 현재 진행 중이거나 이미 자리매김한 사회적 개혁 혹은 급격한 역학에 비해 뒤쳐져 있다. 그러나 그 방식은 인간의 정의를 확장시킬 수 있는 잠재력을 가지고 있다.

## 결론

현재 뉴스가 커다란 변화를 경험하고 있다. 사람들이 선호하는 뉴스 소비 행태가 크게 바뀌었다. 우리들 중 많은 사람들은 우리가 원할 때 재미있고 이용할 수 있는 뉴스를 선호한다. 그러나 사람들은 풍자, 코미디, 패러디, 타블로이드 뉴스의 형식과 전통적인 '지식 중심'의 언론을 혼합하여 접하길 원한다. 뉴스의 새롭고 강화된 역할과 함께 일반인들이 뉴스를 보도하고, 퍼뜨리고, 만들어 내는 역할도 주의 깊게 볼 필요가 있다. 이러한 변화들은 새롭게 부상하는 뉴스 매체가 장애를 다시 재현하고 있다는 것을 의미하기도 한다.

우리가 개략적으로 설명했듯이, 뉴스 목적에 따라 장애가 만들어지는 독특하고 정립된 방식들이 있다. 장애를 뉴스 자체로 보는 문제점도 인지되기는 하지만 저널리즘과 미디어의 장애 관련 뉴스는 천천히 변화하고 있다. 뉴스가 보도하는 몇 개의 장애 사례를 제시했다. 그것은 명백하고 새로운 불구자 규범(crippling norms)이다. 우리는 스포츠에 주안점을 두었는데, 그 이유는 스포츠가 '진지한' 뉴스로 여겨지지 않았기 때문이다. 스포츠는 사회적 명성과 미디어에 대한 의존성 때문에 장애 재현을 분석함에 있어 풍부한 자원을 제공한다. 우리는 다음 장(제5장)에서 미디어의 또 다른 중심 영역인 텔레비전에 초점을 맞춰 장애 재현을 논의할 것이다.

# 장애 방송을 넘어

텔레비전은 미디어 소비에 있어 중요한 영역이다. 본서 초반에 우리는 미디어의 현대적 보편성, 즉 우리가 미디어로부터 장애를 학습한다는 사실을 언급한 바 있다. 또한 우리는 미디어 소비의 결과물이 우리가 생각하는 것보다 훨씬 더 큰 영향력을 지닌다는 것을 주장한 바 있다. 우리가 일상적으로 접하는 미디어는 우리에게 누가 '인간'이고, 누가/무엇이 '바람직'한지 누가/무엇이 '수용' 가능한지 가르친다. 장애인을 향한 태도도 마찬가지이다. 사회학자 팀 단트(Tim Dant)는 민족국가의 쇠퇴 및 이동과 함께 텔레비전이 우리의 도덕적, 윤리적 가치를 좌우한다고 했다. 그의 표현을 빌리자면 '도덕적 사유'라고 부르는 것을 형성하는 데 큰 영향을 끼친다고 주장했다. 도덕적 사유에 관한 텔레비전의 역할은 장애까지 확장된다. 그러나 다른 미디어 분야와 마찬가지로 텔레비전 콘텐츠, 프로그램, 관행 및 매체 자체를 구성함에 있어서 장애의 중요성에 대한 비판적 분석이 거의 전무한 상태다.

텔레비전의 분명한 쟁점은 장애인 배우와 장애를 다룬 스토리가 거의 존재하지 않는다는 것이다. 이 점은 장애 비방 및 중상에 대항하는 성적 소수자 연합 기구(Gay and Lesbian Alliance against Defamation, GLAAD)의 연례 보고서에서 잘 드러나 있다.

> 사람들은 누가 출현하는지 그리고 TV 쇼 대본에서 어떤 이야기가 제시되고 있는지 숫자가 특정 개인 및 집단을 대표할 것이라고 생각한다. 그러나 그것은 우리 주변의 세상을 부정확하게 표현하는 방식이다. 케이블 TV와 같은 텔레비전 네트워크는 일부 주요 배역들로 장애인들이 등장하지만, 지속적이며 진정한 변화를 만들기 위한 노력이 여전히 많이 필요하다. 특정 장애를 가진 연기자를 고용하는 것뿐만 아니라 이러한 연기자들이 장애와 상관없이 어떤 역할을 할 수 있는 공정한 기회를 가질 수 있도록 하는 데 초점을 맞춰야 한다(Adam Moore, National EEO and Diversity Director for SAG-AFTRA, GLAAD, 2012: 15).

무어(Moore)는 장애인 배우에게 '공평한 기회'를 제공한다고 알려진 미국 TV 드라마《브레이킹 배드(Breaking Bad)》를 언급했다.《브레이킹 배드》는 장애를 가진 배우를 고용했고, 이 드라마는 배우가 실제 장애 연기를 한 극소수의 TV 시리즈 중 하나로 잘 알려져 있다. 해당 드라마에서 월트 주니어(Walt Junior)를 연기한 배우 R. J. 미테는 뇌병변 장애(뇌성마비)를 가지고 있다. 인기 프로그램《브레이킹 배드》는 장애 고용의 중요한 예를 제공할 뿐만 아니라 장애와 장애 경험에 대한 획기적인 재현 방식을 제시하기도 했다. 특히 드라마 첫 번째 에피소드에서 장애 자녀가 있는 아버지 월트(Walt)가 의류 매장에서 뇌성마비를 가진 자신의 아들을 괴롭히는 10대 청소년들과 맞서는 장면은 인상적이다. 시청자들은 이 장면을 통해 장애인들이 공공장소에서 경험하는 편견과 차별을 생생하게 보았다. 아들 월트가 10대 무리 중 우두머리 한 명을 마루에 쓰러뜨려 머리를 밟자, 우두머리는 그를 '정신병자'로 묘사한다. 이는 악명 높은 마약왕 하이젠베르크(Heisenberg)에게 월트의 미래 변신을 알리는 모호한 암시 장치로 사용된다. 그러나 이 시리즈가 진행됨에 따라 월트 주니어의 장애는 그의 성격에 부수적인 것이 된다. 거칠고 적나라한 폭력 묘사와 함께《브레이킹 배드》는 시청자들에게 반성과 후회하는 삶에 대한 성찰과 사회에서 수용 가능한 기준에 대해 의문을 던지게 하는 작품으로 유명하다(Koepsell and Arp, 2012; Logan, 2013).《브레이킹 배드》에 대해 잘 알려지지 않은 사실 중 하나는 장애 그 자체가 캐릭터의 필수적인 부분이 될 수도 있다는 것과 장애가 사회적 다양성의 일부가 될 수 있다는 것을 알려 준 것이다.

《브레이킹 배드》(Abbott, 2010; Lavery, 2010)는 치밀하게 구성된 각본과 함께 거대한 열혈 팬 층(Abbott; Lavery, 2010)을 형성했고, 지금까지 영화 분야에서 독점적으로 다뤄졌던 장애와 관련된 진지한 주제를 TV 매체로 전이시켰다는 점에서 눈여겨볼 가치가 있다. DVD 박스 세트의 폭발적인 시청, 전체 시리즈 다운로드, 구독이나 온라인 TV(예: 아이튠즈)에서 '시즌 패스'를 통한 장편 텔레비전 시리즈의 이용 증가는 평론가들이 'DVD 소설'이라고 명명한 TV의 '소설화'를 만들어 냈다. 기술 순환 및 유통, 생산, 경제 및 취향의 변화, 특히 DVD(Bennett and Brown, 2008)와 MPEG, 인터넷, 모바일 TV와 같은 디지털 형식과 관련된 사회적, 문화적 변화는 텔레비전 시리즈의 형식과 텍스트의 확대로 이어졌다(Curtin, Holt, Sanson, 2014; Holt and Sanson, 2014). 만화, 소설, 팬 사이트, 그리고 다른 형태의 새로운 미디어는 단순히 '부수적인' 효과를 뛰어넘어 텔레비전과 그 의미를 만드는 데 있어 필수적인 요소가 되었다고 할 수 있다. M.J. 클라크는 이것을 '트랜스미디어 텔레비전'이라고 지칭한다. 의심할 여지 없이, 이러한 TV의 변화는 시청자들을 끌어들일 수 있는 능력을 향상시키고, 시청자들이 장기간에 걸쳐 등장인물들에게 일어나는 일에 집중하도록 하여 장애 재현 측면에서 큰 잠재력을 지닌다고 볼 수 있다. 드라마 속 장애 캐릭터들은 후천적 장애와 어떻게 함께하는지에 따라 성장하고 발전하는데,《프라이데이 나잇 라이츠》의 제이슨 스트리트(Jason Street)나《브레이킹 배드(Breaking Bad)》의 월트 주니어와 같은 캐릭터들은 장애를 후천적으로 갖는 것에 의미를 부여한다. 장애는 단지 그들 자신의 일부일 뿐이며 반드시 과다하게 강조될 필요는 없다. 이러한 장애 전통은 재정 지원이 확실하고, 각본이 잘 짜인, 상상력이 풍부한 다른 시리즈인《Game of Thrones》와《Orange Is the New Black》으로 계속 이어진다.

## 우리는 장애와 TV에 대해 무엇을 알고 있는가?

이 장의 주제는 미국 TV에서 장애 인물들이 어떻게 묘사되는가에 대한 논의이다. 지금까지 본 서에서 살펴보았듯이, 장애에 관한 흥미로운 실험의 역사가 영향력이 큰 방송 매체 분야에서 오랫동안 지속되어 왔다. 본 장은 인기 매체로서 텔레비전을 중심으로 방송과 장애에 관한 현 상태를 간명하게 소개하고자 한다. 우리의 평가는 다른 모든 미디어와 같이 TV 속 장애가 갈림길에 서 있다는 것이다. 장애는 여전히 정상성에 대한 지엽적인 생각을 형성하는 데 이용되고 있고 동시에 그것은 점점 더 많은 변화의 신호도 보내고 있다. 미국, 영국, 호주의 장애와 미디어에 대한 연구 관점을 논의할 것이다. 또한 TV 속 장애 재현에 있어 다른 나라의 연구들도 이들 국가와 유사한 경향을 보이고 있다는 관점 아래 사례와 함께 언급하겠다. 예를 들어, 이스라엘 시청자들을 분석한 결과, TV에서 장애에 대해 감동과 비극이라는 두 가지 고정 관념이 지배적으로 나타났다(Kama, 2004). 독일 TV와 장애 연구에서도 장애인의 사회적 지위와 텔레비전에서 그들이 재현되는 방식 사이에 상당히 유의미한 연관성을 발견했다(Bosee, 2006). 마찬가지로, 1993년부터 2002년 사이에 일본 황금 시간대 텔레비전을 분석한 결과, 장애의 빈도수가 매우 낮은 것으로 나타났다(Saito and Ishiyama, 2005). 위 연구의 저자들은 황금 시간대 TV 속에서 장애가 있는 주인공이 한두 명만 나왔다면 장애에 대한 사회적 태도가 변하고, 이들의 고용률이 높아질 것이라고 예측했다. 그들은 TV 속 장애 수치를 높이기 위해 미디어 제작의 모든 단계에서 장애인 당사자의 관여가 필요하다고 권고했다(Saito and Ishiyama, 2005). 케냐의 최근 연구 결과에 따르면, 미디어 장애 재현이 장애인에 대한 낙인과 오명을 강화하고 있는 것으로 나타났다(Inimah, Mukulu, Mathooko, 2012).

여러 국가에서 장애와 TV 관련 연구들이 발표되고 있지만, 그중에서 가이 컴버배치(Guy Cumberbatch)와 랠프 네그린(Ralph Negrine)의 연구가 모든 것을 포함하고 있다고 평가받았다(Cumberbatch and Negrine, 1992). 이 연구는 양적, 질적 방법을 사용해 TV 속 장애 재현을 분석했으며, 저자들은 TV 속 장애 재현을 고정 관념과 불일치로 규정했다. 그들은 장애를 가진 사람들과 그렇지 않은 사람들의 묘사 사이에 극명한 대조점이 있다는 것을 발견했다. TV 방송에서 장애 인물들은 빈번히 우스꽝스럽게 묘사되는 것으로 나타났다. 연구 결과를 토대로, 저자들은 장애인들에게 더 많은 중심 역할 부여 등을 포함한 여러 제언들을 제시했다. 만일 이러한 제언들이 적용된다면, 장애는 좀 더 일반 대중에게 평범한 경험으로 보이게 될 것이라고 주장했다.

리얼리티 텔레비전 프로그램은 1990년대 후반부터 인기 있는 텔레비전 분야로 자리 잡았다. 이 장르는 이제 국제적이고 초국가적인 현상으로 남미, 북미, 유럽 같은 지역뿐만 아니라 아프리카, 중동, 호주 전역의 리얼리티 TV에서 매혹적인 모습을 보여 왔고, 수익성 높은 교류와 형식으로 인정받고 있다. 리얼리티 TV는 종종 논쟁을 불러일으키곤 한다. 그 이유는 리얼리티 TV의 성공에서 비롯됐다기보다는 리얼리티 TV에 출연하는 일반인들의 일상생활과 다양성에 대한 과다하고 지저분한 표현을 확산시킬 수 있는 잠재력에서 비롯됐다고 평가된다(Creed, 2003; Turner, 2009; Muller, Klijn, 2012). 리얼리티 텔레비전은 종종 게이와 레즈비언, 저소득층, 이민자 및 난민과 다양한 정치적 견해를 가진 사람들, 텔레비전의 상당 부분을 차지하는 특정 인종 및 민족, 유형 밖에 존재하는 사람들을 등장시킴으로써 자기만의 새로운 영역을 개척해 왔다(GLAAD, 2012). 엄격한 대본 작성, 캐스팅과 제작 과정으로 잘 알려진 리얼리티 텔레비전은 사회적 불능과 장애의 영향을 인식하는 색다른 재현 방식도 제시했다(Ellis, 2015; Rodan, Ellis and Lebeck, 2014).

비록 젊고, 매력적이고, 백인 인종의 비장애 출연자들이 서구 국가들의 리얼리티 TV에 주로 등장하긴 하지만,《서바이버(Survivor)》,《어메이징 레이스(Amazing Race)》,《미국의 도전 슈퍼 모델(America's Next Top Model)》,《아메리칸 아이돌(American Idol)》,《마스터셰프 (Masterchef)》,《더 비기스트 루저(The Biggest Loser)》등과 같은 리얼리티 쇼에 가끔 장애인들이 출연하기도 했다. 《프로젝트 런웨이(Project Runway)》,《빅 브라더(Big Brother)》속 장애 재현에 관한 연구에서, 플로리스 뮬러(Floris Müller), 말리스 클라이즌(Marlies Klijn), 리스베트 반 주넨(Lisbet van Zoonen)은 리얼리티 텔레비전이 재현의 우연적 전략과 비우연적 전략을 통해 장애 경험이 적은 사람들을 교육할 수 있는 잠재력을 지니고 있다고 밝혔다. 여기서 우리가 중점적으로 말하고자 하는 바는 장애의 역설은 한 개인의 정체성, 또는 그들이 사회에서 어떻게 위치하는지, 그 힘의 구조와 관련하여 얼마나 중요한지를 드러내는 것이다. 장애가 부수적으로 보일 수도 있겠지만, 장애 재현은 사회적 문제로 확대될 수 있다. 장애 교정 강조는 사회적 문제 해결에 지대한 영향을 끼친다(Müller, Klijn and Van Zoonen, 2012). 다시 말해서, 장애를 가진 사람들은 가끔 장애가 없는 사람들과 동등해지기 위해 점자와 같은 대체적인 형식을 통해 자신의 장애를 인정하고 보상받을 필요가 있다. 만약 장애를 가진 사람들이 항상 '그냥 사람들(just people)'로 표현된다면, 이러한 자격은 수용되기가 더 어려워질 수 있다.

TV와 장애에 관한 연구가 최근 새롭게 진행되지 않고, 적절하게 재평가된 종합적인 연구도 부족한 가운데, 미국의 장애 옹호자 집단의 연구는 시사하는 바가 크다. 2010년에 미국에 본사를 둔 GLAAD는 성적, 인종 및 인종적 다양성에 대한 분석과 함께 미국 텔레비전 시리즈의 다양한 유형과 장르에서 발견되는 정규 등장인물의 장애 다양성을 분석했다. 2010-2011년 정규 TV 프로그램 가이드를 분석한 결과, 시리즈 정규 캐릭터의 1%만이 장애를 가지고 있다는 것을 발견했다. 그들이 조사한 587명의 등장인물 중, 오직 6명만이 장애를 가지고 있었다. 그중에는《하우스》의 닥터 하우스(Dr. House)와 닥터 레미 13 해들리(Dr. Remy 'Thirteen' Hadley),《글리》의 아티 아브람스(Artie Abrams),《브라더스 & 시스터스》의 사울(Soul),《페어런트 후드》의 맥스 브래버먼(Max Braverman),《CSI》의 알버트 로빈스 박사(Dr. Albert Robbins)(GLAAD, 2010)가 포함된다. 2년 후인 2012-2013 시즌에는 장애로 묘사된 정규 등장인물의 수가 4명으로 감소했다. 이는 전체 등장인물의 0.6%에 불과한 수치다(GLAAD, 2012). 이 중 두 명은 장애를 가진 게이와 레즈비언 캐릭터였다.《간호사 재키(Nurse Jackie)》의 토르 룬드그렌(Thor

Lundgren)과 《그레이 아나토미(Grey's Anatomy)》의 애리조나(Arizona)다. 이 수치는 장애를 가진 미국 시민이 약 12%나 된다는 사실과 완전히 대치된다. GLAAD는 리얼리티 TV가 장애 재현의 다양성 측면에서 상당한 잠재력을 지니지만 리얼리티 TV 출연자 정보를 일찍 공개하지 않아서 장애인 또는 장애인 캐릭터를 연구 초반에 포함시키기 어려웠다고 보고했다. 그러나 GLAAD는 그 수치 계산에서 암이나 HIV(AIDS)와 같이 '비가시적인 장애'를 겪고 있는 사람들, 즉 미국 장애인법(ADA)에 따라 적용되는 장애 유형을 모두 포함시켜 빈도수를 높였다(GLAAD, 2012). 그럼에도 불구하고, GLAAD 연구 보고서에서 인용한 장애 옹호 운동가의 말에 따르면, 미국의 실제 장애인 수에 비해 TV에 노출되는 장애인 수는 놀라울 정도로 적고 장애 재현 자체도 미비한 편이다고 밝혔다(GLAAD, 2012: 15).

## 장애를 초래하는 이미지 및 장애인 청중

이언 앵(Ien Ang, 1991), 데이비드 몰리(David Morley, 2009), 샬롯 브룬스돈(Charlotte Brunsdon, 1978)과 같은 이론가의 영향력 있는 연구 성과에 힘입어, 다수의 장애 연구가 시청자 구성, 소비, 물질적 실천으로 옮겨 갔다. 그러나 그동안 장애를 가진 시청자(청중)에 대한 실증적 혹은 이론적 연구, 시청자가 어떻게 장애 이미지를 소비하는지에 관한 연구는 매우 부족했다. 카렌 로스(Karen Ross)의 선구자적인 1997년 논문은 여전히 장애인 청중에 대한 흔치 않은 조사로 남아 있다(Ross, 1997). 로스(Ross)는 이미 설명한 장애 이론화 과정에서 내용 분석 역점을 두기 위한 목적으로 장애는 텔레비전에 존재하지 않는다는 관점에서 진행하였고, 장애를 가진 청중들이 어떻게 생각하는지를 알아내기 위해 그룹 면담을 실시했다. 흥미로운 점은 그녀의 연구에서 장애를 가진 그룹 면담 참여자들조차 TV 연속극에서 장애가 있는 사람들을 범죄자나 따돌림의 대상으로 동일시했다는 점이다. 그룹 면담 참여자들은 이러한 이미지들이 그들의 사회적 소외에 기여하는 것으로 보았다(Ross, 1997).

시청자들이 그들의 맥락과 경험에 따라 이미지를 해석하면서 텔레비전에서 얻는 의미에 적극적이라는 것이 일반적인 주장이지만(Livingstone, 1998), 특정 이미지의 지속적인 반복은 텔레비전의 상징적 힘을 '우리 모두'에게 강화시킨다(Gray, 2008). 그레이는 이러한 이미지들이 순전히 반복을 통해 장애의 지배적인 이미지를 만들어 낼 수 있는 의사소통의 힘을 가지고 있다고 주장했다. 앨리슨 와일드(Alison Wilde)는 최근 TV 연속극과 시청자 수용에 관한 연구에서 장애를 정상적이지 않은 것으로 만든 연속극 장르 속의 이미지 반복이 비장애인 등장인물과 자신을 동일시하는 장애인 관객들에게 영향을 미친다고 밝혔다(Wilde, 2004). 또한 이러한 시청자들은 장애가 다른 문제를 탐구하기 위한 서사적 자료의 수단으로 사용될 수 있다는 것을 인정했다(Wilde, 2004). 미국 출신 비평 이론가 데이비드 미첼과 샤론 스나이더는 이러한 장애의 사용을 '서사 보정장치(Narrative Prothesis)'라고 부르며, 장애 관련 보정장치, 예를 들어 목발, 인공 의수나 의족 또는 모터 엔진과 같은 다른 종류의 보정물 역할에 대해 비판적으로 풍자했다. 미첼과 스나이더에게 있어서 '서사 보정장치'는 작가의 창작 세계에서 등장인물을 만드는 은유, 일탈의 사회적 범주, 의미 제작과 문화적 비평의 상징적 매개체, 장애자 주관성의 서술 교섭의 선택 사항을 의미한다(Mitchell and Snyder, 2000: 1).

서사 보정장치의 핵심은 이야기 줄거리와 다른 이야기들이 관습적인 형태로 장애에 의존하고 있다는 것이다. 다수 서사에서, 예를 들어 의학 드라마에서 스토리 전개는 등장인물이 사고로 인해 고통을 받으면서 시작되고 이러한 것들은 드라마를 만들어 낸다. 우리가 TV 서사의 이야기를 구조화하고 지원하기 위해 장애 기능에 주의를 집중하는 것은 TV 속 장애를 가진 주연 또는 조연 등장인물들의 증가에 대해 좀 더 비판적으로 이해하는 데 도움을 준다.

이러한 장애 재현의 포괄적인 분석은 장애인들이 TV에 등장하는 여러 종류의 인물들뿐만 아니라 방송 TV의 모든 측면을 적절하게 설명할 수 있는 방법론에 있어 필수적이다. 더 중요한 점은 현대 텔레비전에서 장애가 기능하는 방식을 분석하기 위함이다. 그중 상당 부분이 과거의 독립 TV 수상기나 방송 네트워크가 아니라 인터넷과 모바일 플랫폼과 같은 새로운 장르, 형식 및 기술을 통해 장애가 기능하는 방식이 나타나고 있다는 사실이다(Abruzzese, 2012).

문제는 이와 관련된 연구가 드물고 GLAAD와 같은 연구들에 의해 밝혀진 장애인 정규 캐릭터들의 수는 이해할 수 없을 정도로 적다. 그럼에도 불구하고 간과할 수 없는 사실은 장애가 텔레비전보다 인터넷이나 모바일 플랫폼에서 더 가시적이고 문화적으로 '해독 가능한' 것이 되었다는 것이다. 점점 TV에서 장애가 많이 묘사되고 있고 시청자들은 그것에 더 흥미를 가지며 그것을 '읽어 내는' 전문가가 되고 있다. 아직도 실제 장애 인구에 비해 TV에서 나타나는 장애인의 빈도수가 놀라울 정도로 적지만, TV가 예전에 비해 보다 복잡하고 입체적인 장애 인물들을 등장시키고 있다는 점은 예의 주시할 필요가 있다(Luther, Lepre, Clark, 2011). 사실, 장애는 역사 드라마, 의학 드라마, 풍자 그리고 좀 더 새로운 TV 플랫폼의 다양한 형식과 장르에서 볼 수 있다(Game of Thrones, Orange Is the New Black).

# 재현

재현은 항상 복합적인 표현과 이미지, 이야기이며 서사다. 재현은 사람들이 다른 사람들과 함께 자신을 상상하는 중요한 방식이다. 우리가 미디어로부터 얻는 장애에 대한 이해는 우리가 장애와 마주친 직접적인 경험과 장애인의 삶을 지배하는 정책, 법률, 관행 등의 사회적 반영에 의해 만들어진다. 예를 들어, 1990년대 초 간호사의 장애 인식에 대한 연구에 따르면, 전문적인 지식과 경험을 지닌 간호사들도 정신 장애인이 폭력적 위협이라는 미디어의 고정 관념을 그대로 수용하고 있다는 것이다(Philo et al, 1994). 2012년에 발간된 대중 매체의 정신 질환에 관한 연구 논문집은 이러한 '장애'가 어떻게 표현되는지에 대한 다양한 관점을 제공했다(Rubin, 2012). 재현이 장애와 어떻게 연관되어 있고, 정상의 개념을 어떻게 지배하고 있는지, 또한 그것이 어떻게 사회에서 정상이라고 간주되는 것과 연관을 맺고 있는지 진지하게 논의해야 할 충분한 이유가 있다.

재현 복합성의 좋은 예는 미국 시리즈《글리(Glee)》에서 찾아볼 수 있다. 《글리》는 공연단과 지도 교사 윌 슈스터(Will Schuster)를 통해 소외당한 고등학생들이 자기 목표와 소속감을 찾음으로써 다문화와 다양성 사회에 관여하고 재현하는 것을 목표로 한다.《글리》는 소수 집단을 전형적으로 묘사하는 데 있어서 적어도 장애에 관해서 형식적이고 피상적이라는 비판을 자주 받았다. 첫 시즌에 9회 '휠스'까지《글리》구성원들 간의 상호 작용에 있어 장애 인물 아티(Artie)의 역할은 매우 경미했다. '휠스' 에피소드에서 장애에 관한 새로운 사회적 기대, '정치적 올바름'을 명시적으로 다루고 있다.

윌이 공연에서 곧 참가해야 할 경연 대회 심사위원들에게 접근 가능한 노래를 하자고 제안하자, '휠스'에서 아티의 장애 경험은 여러 '접근 가능성' 이슈를 자극하는 서사 보정장치가 된다. 하지만 공연단의 비장애인들이 이 에피소드를 지배하면서 아티의 경험은 초라하게 변두리로 밀려난다. 그 좋은 예가 월이 비장애인들에게 하루에 세 시간씩 휠체어를 타도록 강요하는 것이다. 극 초반, 다른 학생들이 경연장으로 향하는 비저상 버스에 무관심했기 때문에 아티의 대회 참가는 사실상 불가능해 보였다. 다른 학생들은 아티가 휠체어 댄싱 동작을 가르치려 할 때 시종일관 그를 무시한다. 하지만 결국 공연은 휠체어를 타고 '프라우드 메리(Proud Mary)'를 부르기로 결정한다. 그럼에도 불구하고 이번 공연은 아티보다는 비장애인 연주자들 능력의 중요성을 재확인시켜 주는 측면이 강하게 나타난다. 예를 들어, 아티가 이 공연의 남자 주인공임에도 불구하고, 카메라는 그에게 집중하지 않는다. 아티는 휠체어를 타고 춤을 추는 여러 구성원들 중 한 명으로 비춰질 뿐이다.

아티는 장애 묘사로 큰 논란을 빚은 후속 에피소드 '드림 온(Dream On)'까지 장기간 출연하지 않는다. 이 에피소드에서 아티는 꿈속에서 장애가 치유되어 휠체어를 탈 필요가 없는 비장애 무용수가 된 자신을 발견한다. 아티의 발칙한 상상은 공연단 멤버 중 한 명인 여고생 티나와의 풋풋한 로맨스로부터 시작됐다. 두 사람이 아티의 장애로 함께 춤을 출 수 없게 되자, 티나는 척수 손상 치료법을 연구하기 시작한다. 그녀는 전류와 줄기세포에 대한 연구 사례를 발견하고 아티에게 의학의 발전으로 가까운 미래에 장애가 완치될 것이라고 격려한다. 여전히 꿈속인 다음 장면에서 대형 쇼핑몰에 있는 아티와 티나가 등장한다. 카메라는 방금 전 탭 슈즈를 구입한 아티를 비춘다. 아티는 티나에게 그녀가 알려 준 치료법을 받고 있으며, 그 치료법은 효과성이 뛰어나다고 거짓말한다. 그는 휠체어에서 벌떡 일어나 '안전춤' 수록 곡에 맞춰 플래시몹(단체 댄스)을 이끈다. 공연이 끝나자 아티는 휠체어에 털썩 주저앉고 만다. 이 모든 것이 꿈이었다.

앞으로 나아갈 길을 모색하기 위해 아티는 독특한 성격의 학교 상담자 엠마와 티나가 알려 준 의학 연구 사례를 논의한다. 그녀는 그에게 헛된 희망을 갖지 말라고 경고하고 아티에게 그의 척수 손상은 심각하고 영구적이며 치료 연구는 아직 걸음마 단계밖에 되지 않았다는 것을 상기시킨다. 엠마는 아티에게 일주일에 한 번만 티나를 만날 것을 제안한다. 아티는 자신의 꿈을 포기하고 티나에게 이루어져야만 하는 꿈에 집중해야 하기 때문에 그녀와 함께 춤을 출 수 없다고 말한다.

《글리》의 이 두 에피소드 사이의 차이점은 꽤 분명하지만, 두 가지 모두 미디어에서 보여지는 장애가 작은 의미로 사용된다는 점은 부정할 수 없다. 《글리》가 제시하는 장애 세계의 가능성은 희박하다고 유추될 수밖에 없다. 장애에 대한 '사회적 사유'는 모든 참가자들의 삶의 기회와 가능성에 실질적인 제한을 둔다. 예를 들어, 엠마가 아티에게 꿈을 포기하라고 조언하기보다 아티가 염원하는 휠체어 댄스를 통해 그의 꿈을 성취하라고 조언한다.

텔레비전의 장애는 특정한 시대나 문화가 장애인 구성원을 어떻게 가치 있게 여기는지 되돌아볼 수 있게 한다. 이 매체는 장애 사회 정의의 중요한 순간과 사회 변화에 대한 저항력을 모두 드러낸다. 컬트 텔레비전 시리즈의 시조 격인 《스타트렉(Star Trek)》은 이것에 대한 명확한 예시를 제공한다. 예를 들어, 《스타트렉》의 1966년 에피소드 'The Menagerie' 서사에서, 델타 광선에 노출되어 심각한 중상을 입은 크리스토퍼 파이크(Christopher Pike)는 그의 상관 커크(Kirk) 선장의 불편함을 초래하는 원인으로 묘사된다. 부상의 결과로 파이크는 심하게 화상을 입고 걷거나 말을 할 수 없게 되었다. 그의 유일한 의사소통 수단은 그의 휠체어 앞에 부착된 장치였는데, 그 장치는 뇌파를 이용해 빛을 작동시킨다. 에피소드 결말에서, 파이크는 젊음과 능력에 대한 환상을 가공하는 행성에 수용되어 살기로 선택한다. 시리즈의 후속 작인 《스타트렉 넥스트 제너레이션》에서 조르디 라 포지(Geordi La Forge)와 같은 등장인물들은 장애로 비롯된 영향을 완화시키기 위해 기술을 사용한다. 그는 가늘게 구부러진 특수 제작 안경(이른바 시각적 기구 및 감각 기관 교체물)(VISOR)을 눈가에 착용함으로써 인공 시각을 제공받는다. 조르디의 특수 제작 안경(VISOR)은 그에게 정상적인 인간의 능력을 넘어선 초시각적 감각까지 부여한다. 예를 들어 그는 심박수와 온도 같은 활력 징후를 '볼' 수 있기 때문에 상대방의 기분을 감지할 수 있고 인간의 기만과 속임수도 꿰뚫어 본다. 조르디는 장애가 치유되는 것을 두 번이나 거부했다. 스타트렉의 세계 안에서 장애가 사유되는 방법의 변화는 사회적, 문화적, 기술적 지형의 변화를 보여 주기도 한다.

1960년대 《도망자(Fugitive)》는 '장애인=악인'이라는 고정 관념에 근거한 공식을 확립했다. 이러한 등치 공식은 1970년대 《하와이 파이브 오(Hawaii Five-O)》, 1980년대 《왕관의 보석(The Jewell in the Crown)》, 1990년대 《법과 질서(Law & Order)》 등으로 오늘날까지 이어지고 있다. 그러나 최근 텔레비전 범죄 장르의 새로운 하위 범주가 등장했다. 이 범주에서 특징적으로 나타나는 것은 수사관 캐릭터들이 장애를 가지고 있으며 그들의 장애가 수사 해결 능력을 향상시키는 데 결정적인 역할을 하고 있다는 사실이다(Monk, Law & Order Criminal Intent, Criminal Minds, CSI, Silence, Bones).

미디어의 등장 이래로 텔레비전에서 매우 인기 있는 장르는 범죄 드라마다. 텔레비전 범죄 드라마는 종종 사회 질서가 전복되는 것을 보여 주지만 결국 원상 복구된다는 점을 주요 테마로 삼는다(Marc, 1984; Potter and Marshall, 2009). 범죄 장르, 이데올로기와 사회는 오래 지속된 연관성이 있다(Sparks, 1992). 그러나 최근 범죄 장르는 다양하고, 그것은 풍성하고 창의적인 텔레비전과 문화적 형태를 띤다(Effron, 2011). 잘 알려지지 않은 연구 결과 중 하나는 범죄가 미디어를 통해 선과 악, 옳고 그름, 우리 자신과 우리 사회를 사유하는 데 도움을 주고 있으며 이 과정에서 장애 역할이 크다는 점이다. 범죄 드라마에서 장애는 우리가 좋아하는 공식과 문화 이야기의 주요 특징이 되며, 범죄 드라마의 모든 측면을 포괄한다.

1980년대 경제를 포함한 미국 여러 영역에서 이루어진 예산 삭감은 장애인과 정신질환자 서비스를 감소시키는 결과를 초래했다. 동시에, 미국 장애인법(American Disability Act)의 도입과 장애와 관련한 '사람 먼저(People First)' 접근이 비판받는 것을 보았다. 그 결과 발생하는 모순은 1990년대 초 인기 TV 쇼인《맥가이버(MacGyver)》에서 볼 수 있다. '거기에는 은총만이 존재한다(There But the Grace)' 에피소드에서 맥가이버는 노숙자 집단에 잠입하고 (정신 건강 상태를 가진) 도니(Donny)의 도움으로 정부 보조금을 받기 위해 노숙자와 정신질환자를 고용했다고 사기 친 부유한 사업가를 폭로한다. 장애 문제가 하나의 서사 안에서 탐색되는 이런 유형의 에피소드는 그 자체로 정해진 작품이나 단일 장르의 일종이다. 종종 이 장르는 '매우 특별한 에피소드'로 묘사되며 장애를 진지하거나 지속적으로 고려하지 않는다는 비판을 받는다.

2000년대 방송에서 장애인의 역할이 다양해졌다. 예를 들어, 저소득 노동 장애인(Becker), 고도로 숙련된 조사단을 이끄는 장애인(CSI), 대통령을 보좌하는 장애인(The West Wing) 등이 있다. 2010년대까지 장애인의 등장은 아래 작품들과 함께 더욱 두드러졌고 이러한 가시화는 TV의 새로운 풍경이기도 했다. 주요 작품으로, 장애를 갖게 된 십 대(Friday Night Lights, Glee), 선천적 장애인(Switched at Birth, Breaking Bad), 형무소 사람들(OZ, Orange Is the New Black), 법 관련 장애인들(Monk, Bones, Castle) 등을 들 수 있다. 미국 텔레비전에서 오랜 장애 재현을 간단하게 재조명할 수밖에 없는 것은 텔레비전에서 장애 역사가 아직 제대로 인식되지 않고 있고, 문서 및 기록도 제대로 갖춰지지 않았다는 것을 방증한다. 이러한 부재는 역사학자 폴 롱모어(Paul Longmore)가 언급한 청중(시청자 또는 관객)들은 스스로 장애인이 되는 것을 두려워하기 때문에 그들의 의식 속에서 장애의 이미지를 '제거'한다는 것과 일맥상통할 것이다.

텔레비전의 특징 중 하나는 공식을 따랐다가 깨뜨림으로써 반복, 의식, 혁신, 재생한다는 것이다. 우리가 본서를 통해 주장했듯이, 미디어는 흔히 장애에 대한 특정한 공식이나 문화적 이야기를 따른다. TV에서 더욱 더 그러하다. 그러나 텔레비전에서 중대한 변화를 보게 되는데, 이는 다시 장애가 대중적으로 사유되는 방식에도 영향을 끼쳤다. 아만다 로츠(Amanda Lotz)와 존 하틀리(John Hartley) 같은 텔레비전 이론가들은 텔레비전이 탈방송(post-broadcast) 시대로 접어들었다고 주장한다(Lotz, 2007; Hartley, 2010). 현대 텔레비전의 정확한 성격에 대한 논쟁은 그 특별한 복원력을 고려할 때 계속된다. 방송 시대의 텔레비전은 광고 수익을 위해 다수의 사람들을 지배하는 문화적 가치에 어필하는 프로그램을 만들어 대중을 끌어들이는 데 초점을 맞춘다. 반면에 오늘날은 틈새 시청자들이 대상화된다. 집계할 때 보면 이 유형의 시청자들이 상당히 많은 편이다. 실제로 장애는 제2장의 도입부에서 논의한《브레이킹 배드》와 같이 '고품질' 콘텐츠로 특징 지어지는 현 텔레비전의 상황 속에서 필수적이라는 것이 주론이다.

이러한 의미에서, 장애가 서사를 구조화하고 형식 탈피를 제공하고 '신황금시대' 또는 '신혁명'이라고 불리는 것의 일부로 활용되었다(Sepinwall, 2012). 만약 우리가 HBO의《소프라노스(The Sopranos)》를 이러한 업계 변화의 예로 본다면, 논쟁의 여지는 있지만, 장애는 텔레비전에 필수적이며, 현재 많은 일반 대중뿐만 아니라 틈새시장 청중들에게도 초점을 맞추고 있다고 볼 수 있다.《소프라노스》가 장애로 시작한다는 것을 기억해 보자. 폭도들의 두목 토니 소프라노(Tony Soprano)가 불안 장애를 치료하기 위해 심리학자를 방문한다. 눈에 잘 띄지 않는 사실 하나는 여섯 번째 시즌 내내《소프라노스》가 많은 조연급 장애인 캐릭터들을 사용했다는 점이다. 이러한 예로 복수전을 벌인 후 하반신이 마비된 피자집 주인인 빈시 가에타(Beansie Gaeta), 토니 소프라노의 수용 시설에 입소한 삼촌 헤라클레스(Hercules), 토니의 병든 어머니를 돌보는 팔이 없는 러시아 출신 간호사 스베틀라나(Svetlana)를 들 수 있다.

현대 텔레비전 담론 측면에서 보면,《게임 오브 스론즈》,《브레이킹 배드》,《트루 블러드》 같은 인기 있는 프로그램들이《소프라노스》에 의해 시작됐다는 것이다.《소프라노스》는 종종 탈방송 텔레비전의 새로운 '형태'의 시작을 알렸다고 평가받지만,《오즈(1997-2003)》,《세인트 엘서웨이즈(1982-1988)》,《트윈 픽스(1990-1991)》와 같은 초기 드라마 시리즈의 영향을 받았다는 점도 간과해서는 안 된다.

흥미롭게도, 위 작품들에서 장애 캐릭터들이 등장하고 있다. 예를 들어, 옥중 드라마《오즈》는 휠체어를 사용하는 수감자 아우구스투스 힐(Augustus Hill)이 내레이터 역할을 한다.《오즈》의 제작자인 톰 폰타나(Tom Fontana)에 따르면, 장애인 내레이터 선택은 어떤 의미를 갖는다는 것이다. 폰타나는 '공동체 안에서 고대 그리스식 코러스에 영감을 받아 장애인 내레이터를 만들었다'고 밝혔다(Fontana, Sepinwall, 2012: 23). 폰타나는 이 내레이터가 감옥을 뛰어넘는 경험, 즉 소수자 이익을 위해 형성된 경험이 필요하다고 믿었다. 비록 이 쇼의 초점이 인종 소수자에 맞춰져 있지만, 장애가 첨가되어 캐릭터의 폭과 깊이는 더욱 심화되었다. 휠체어 사용자로서 힐은 처음에 다른 수감자나 교도관들에게 위협이 되지 않지만 시즌이 진행됨에 따라 스토리라인에서 그의 캐릭터는 더욱 완전해지고 중요해졌다. 그러나 장애 문화 활동가이자 지역 사회 예술가 페트라 쿠퍼스에 따르면, 힐의 특성화는 '메타포와 속기(short hand)로 장애에 대한 전반적인 태도'를 만들어 냈고, 나아가 이러한 통찰력 있는 아웃사이더 스타일의 등장인물은 프릭(freaks) 성향을 갖은 장애인 공연자들의 문화 기능의 지속으로 보고 있다(Kuppers, 2003: 12).

장애는 컬트 시리즈《로스트(The Lost)》에서 중요한 비중을 차지하고 있다. 815 항공편에 탑승했던 휠체어 사용자 존 로크는 무인도에 불시착한 자신을 발견한다. 그는 이 비행기를 타기 전 장애인이라는 이유로 원래 타기로 한 항공편의 탑승을 거부당했다. 그는 무인도에서 신비한 치료법을 경험하고 신비스럽고 영적인 캐릭터로 변모한다. 텔레비전 학자 제이슨 미틀(Jason Mittle)은 로크의 장애 경험과 장기 텔레비전 시리즈 내의 서사적 관련성이 승객들의 사고 전 경험과 섬에서의 생활 차이를 밝히는 보정장치로 작동했다고 주장한다(Mittle, 2009).

이러한 예들은 장애 재현이 갈수록 대중화되고 가시화되고 있지만, 다른 형태의 문화적 편견을 지속할 수도 있다는 것을 보여 준다. 그럼에도 불구하고, 힐이 옥중에서 배우자 방문을 받거나 로크가《로스트》에서 고용 차별에 반발할 때, 장애인을 향한 명확한 침해의 순간들이 서사 내에 인지된다. 마찬가지로,《트윈 픽스(Twin Peaks)》는 복잡한 삶과 중요한 특징을 가진 다수의 장애 인물들을 등장시킨다.《트윈 픽스》에서 장애는 종종 분위기를 환기시키는 장치로 사용된다. 예를 들어, 신혼여행 중 사냥 사고로 한쪽 눈에 안대를 착용하고 있는 나딘 헐리(Nadine Hurley)를 예로 들어 보자. 그녀는 무소음 드레이프 러너 제작에 집착하며 시리즈를 시작하고, 자살을 기도할 뿐만 아니라 그녀 자신이 아직도 10대라고 믿는다. 그녀의 기억력 감퇴는 아드레날린에 기인한다. 분위기를 더하자면, 두 시즌 내내 나딘은 초인적인 힘을 가지고 있다. 극중 나딘은 손상을 가지고 있는 다수 캐릭터 중 한 명에 불과하다. 이 쇼의 등장인물들은 불안, 우울증, 척수 손상, 강박증, 중독, 광장 공포증, 청력 손실 등 후천적이며 생애 지속적인 장애를 가지고 있고, 이들의 장애는 극 분위기를 초자연적으로 만드는 데 일조한다.

TV 속 장애 재현이 점점 더 풍부해지고 복잡해짐과 동시에 장애를 문화적, 지적, 미적, 사회적 참여, 감상, 토론의 중요한 공간으로 간주하는 문화적 가치에 대해 어떤 멋스러운 의문을 제기하는 것이다. 즉, 장애를 단순히 우리 사회 최악의 공포, 가장 억압적인 불안, 그리고 약자에 대한 불의로만 묘사하는 것이 아니라 문화적 자원 차원에서 변화된 움직임으로 본다는 것이다.

TV 서사에서 이야기를 구조화하고 지원하는 장애 기능에 대한 관심을 통해 우리는 TV에서 장애를 가진 조연 등장인물들이 양적 측면뿐만 아니라 장애 재현 전략을 심화시키는 질적 측면도 담당하고 있다고 본다. 그럼에도 불구하고, 텔레비전에 드러나는 장애는 비극적이고, 감동을 주며, 장애를 극복하는 이야기라는 생각이 일반적이다. 그것은 사회생활 전반에 걸쳐 지속적으로 재현된다. 비극적이고 감동을 주는 이야기들은 장애인들을 더욱 고립시킬 수 있다. 장애인은 비장애인에 비해 더 높은 기준과 목표점을 갖는다는 위 스토리의 공통 주제는 실제 장애인들의 현실과 동떨어져 있다. 반면에 새로운 장애 유머는 장애를 공유된 인간 경험의 또 다른 예로 제시함으로써 비장애중심주의(Ableism)에 도전한다.

## 장애 유머의 새 국면: 나는 당신의 마스코트가 되기 위해 오지 않았습니다.

유머는 사회적 문제를 노출시키고 사회적 금기에 맞서는 데 사용될 수 있지만, 기존의 권력 관계, 사회적 범주, 분류, 질서를 강화하는 데도 사용될 수 있다(Germeroth and Shultz, 1998). 제1장에서 논의한 바와 같이, 장애의 역사 내내 장애 유머는 해로운 농담과 장애 '바보'를 통해 지금도 공동체에 해를 가하는 파괴적인 역할을 해 왔다. 최근 들어 장애인 만화의 영향력은 장애인의 다양성을 노출시키는 핵심 수단이 되고 있다. 베스 홀러(Beth Haller)가 설명했듯이, 우리는 장애인을 (비)웃는 것을 꺼려하는 경향이 있다. 왜냐하면 장애는 종종 비극으로 구성되기 때문이다(Haller, 2010).

홀러에 따르면, 평등을 특징으로 하는 새로운 장애 유머가 부상하고 있다. 이 유머 스타일은 장애인들에게 권한을 주고, 그들이 자신의 이미지에 대해 통제력을 발휘하도록 함으로써 파괴적인 유머에 대항마로 작용한다(Haller, 2010). 장애를 가진 사람들은 그들의 이미지를 통제하고 유머를 통해 사회의 장애물들을 드러내며 조소한다. 장애 유머는 장애 재현에 대한 통합된 접근 방식을 이끈다. 장애를 가진 등장인물이 극중 다른 캐릭터와 똑같이 구성되기 때문이다. 장애 유머는 모든 사람에게 '장애는 결함이라는 기존의 사고와 경험을 조소하게 만들어 장애가 있다는 것은 단지 또 다른 특징을 소유하고 있다는 것에 불과하다'는 것을 일깨워 준다.

인터넷 웹 시리즈《불구자 내 인생(My Gimpy Life)》은 장애 유머를 통해 사회적 태도와 정면으로 맞선다. 불구자인 내 삶은 장애와 백인 여성의 정체성을 가진 배우 지망생 틸 셔러(Teal Sherer)의 삶을 조명한다. 그녀는 접근하기 어려운 할리우드 오디션, 제작, 밤 생활을 헤쳐 나간다. 예를 들어, 형편없는 오디션을 본 후, 틸은 감독이 그녀를 감동적이라고 묘사할 때 불편하고 모욕감을 느낀다. 그녀가 소속된 극단의 최신작인 《유색인 여성(Colored Girls)》의 마지막 공연에 감독을 초대한다. 문제의 감독은 장애와 도덕적 상상의 전통적인 이미지를 환기시키게 한다. 장애는 감동을 주는 것으로 간주된다. 연극 종연 후 그녀가 동료 극단 배우들을 만났을 때, 그녀는 유사한 방식으로 감동적이라는 외부의 시선과 반응을 받는다. 틸은 이 상황을 파악하고, 그들 중 한 명에게 분명히 말한다.

> 틸: 그만해요! 나는 연기하러 온 배우예요. 나는 당신의 마스코트가 되기 위해 여기 온 것이 아닙니다.
> 동료 배우: 오, 당신의 말에 진심으로 감동받았습니다.
> 틸: 지금 한 얘기가 얼마나 모욕적인지 아시나요? 이건 '내(백인)가 당신(흑인)에게 너무 말을 잘해서 백인이라고 해도 믿겠어요.'라는 말과 똑같습니다. 이곳은 작은 페미니스트 푸부 극단 아닌가요? (《불구자 내 인생》에피소드 3에서 발췌함)

틸이 인종 차별성 발언으로 그들을 비판하자, 《유색인 여성》을 만든 흑인 감독과 배우들은 경악하며 자리를 떴다. 그녀가 말하고자 한 바가 유머를 통해 하나하나 전달됐다. 우리는 대낮 노상에서 낯선 사람이 그녀에게 성관계를 맺을 수 있냐는 질문을 던지는 장면을 보면서 휠체어 사용자 틸에 대한 사람들의 태도를 조소한다. 그녀는 접근 불가능한 계단 탓에 감독을 만나지 못하고, 대신 건물 뒷골목에서 오디션을 본다. '너희들은 나이트클럽에서 말싸움할 때 춤추는 것을 중단하니? 너는 성행위를 하다가 불구자가 된 거지? 너의 드레스 룸을 화장실로 배정받았지?' 이 시리즈에 숨겨져 있는 점은 사람들이 장애에 대해 비웃거나 불편함을 가지고 있는 것을 무시한다는 것이다. 불구자(gimpy) 단어 사용 여부에 대한 질문에 대해 백인 정체성을 가진 틸은 동시에 장애 유머의 힘을 불러일으킨다. 마치 인종 차별을 받는 집단이 그들의 예속을 전복시킨 것과 유사한 방식을 취한다.

《불구자 내 인생(My Gimpy Life)》은 장애 배우들이 장애를 통해 비장애인 청중들을 장애인이 직접 겪는 상황에서 장애를 보도록 유도하고, 그들의 이미지를 이해할 수 있게 해 주는 새로운 장르의 텔레비전 코미디의 한 예이다. 유사한 유형의 쇼들로 《레짓(Legit)》, 《마지막 다리(Last Leg)》, 《삶은 너무 짧아(Life's Too Short)》 등을 들 수 있다. 각각의 쇼들은 관객들이 불쾌해하는 이미지와 농담들을 포함하고 있다. 예상 외로 새로운 장애 유머의 특정 측면에 대한 불만도 있었다. 예를 들어, 2012년 런던 패럴림픽과 함께 진행되었던 영국 채널 4 쇼인 《라스트 리그(The Last League)》에서 사회자 아담 힐스가 장애 유머를 포함한 트위터 해시태그 #이시톡('괜찮지?')을 걸었다. 악취미, 혐오, 그리고 다른 관점의 주장들을 제외하고, 장애 유머가 어느 선까지 허용되어야 할까? 일상생활에서 장애를 웃음 소재로 삼는 것이 반성과 사회 개혁을 낳는다는 사실은 장애 유머를 지지하는 사람들의 공통된 견해다(Couch, 2013; Ryan, 2012).


## 결론: 미래 TV 속의 장애 포용


이 장의 도입부에서 1980년대 후반 미디어와 장애 관련 연구 개척자 컴버배치(Cumberbatch)와 네그린(Negrine)이 영국 텔레비전 제작자들에게 장애인들이 주연 역할을 맡는 프로그램을 제작하라고 권고했던 사실을 강조한바 있다. 두 학자가 예견한 급격한 사회 변화는 일어나지 않았지만, 제한적으로나마 중요한 변화가 있었다.

이 장에서 우리는 《소프라노스》, 《트윈 픽스》, 《로스트》, 《브레이킹 배드》 와 같은 혁신적인 형태의 텔레비전 프로그램이 영상 문법의 일부로서 그리고 서사 보정장치로 오랫동안 확립된 장애의 사용에 의존했던 재현 방식을 논의했다. 미첼과 스나이더의 주장을 반복해서 설명하면, 이러한 TV 쇼들은 장애를 흔히 텔레비전에서 '일탈의 사회적 범주, 의미 결정과 문화적 비판의 상징적 수단, 장애 주체의 서사적 협상의 선택 사항'으로서 요구되는 방식을 명확하게 드러낸다(Mitchell and Snyder, 2000: 1).

장애는 인기 있는 텔레비전의 이야기와 여러 극적인 형식에 걸쳐 두드러지게 나타나지만, 대게 장애는 극복과 치유의 대상으로 개인화된다. 텔레비전이 소수 집단의 다양한 대표성을 결여하고 있을 때, 고정 관념은 더 큰 영향력을 행사하게 된다(Gray, 2008). 이 책에서 텔레비전에 등장하는 장애를 가진 많은 인물들에 대해 논의했지만, 다수의 비장애인 캐릭터를 고려할 때, 장애인은 여전히 다양성이 결여된 소수자로 남아 있다. 실제로, 이러한 요인들은 장애와 관련한 미래 재현에 영향을 미칠 것으로 보인다.

장애 문화의 변화는 혁신적이기는 하지만 잘 알려지지 않은 《불구자 내 인생(My Gimpy Life)》과 같은 프로그램에서 볼 수 있다. 이 프로그램은 장애 유머를 통해 '비장애중심주의'를 드러내고 장애인들 간 상호 이해를 증진시키는 교량 역할을 한다. 이 프로그램은 비장애중심적 사고로 장애에 접근하지 않는다(Haller, 2010: 171). 이 프로그램은 청중이나 미디어 제작자 및 미디어 조직 측면에서 장애를 일생생활의 중심 및 일부 영역으로 수용한 개방적인 프로그램이었지만, 이런 프로그램을 통해 다시 생각할 수 있는 문화적 실험, 학습, 오락에 대한 기회는 여전히 주변화되어 있다.

그렇다면, 미디어의 역사적 변화 기회에 사회 문화 전반에서 장애의 풍요로움, 복합성과 어려움을 어떻게 수용할 수 있을까? 장애 캐릭터, 장애인 배우 및 사회자, 장애 주제가 주류 TV에 통합됐음에도 불구하고, 장애인들은 역사적으로 미디어의 모든 수준(소유자, 관리자, 전문가, 노동자)에서 아직 대표성을 발휘하지 못하고 있다. 우리는 다음 장에서 장애 개인 및 집단이 디지털 미디어 사용으로 인해 새로운 공적 영역을 창출해 내는 방식을 살펴봄으로써, 미디어 혁신과 전망을 가늠해 보겠다.

# 제6장

# 장애와 미디어 노동

우리는 앞 장을 여배우이자 프로듀서인 틸의 삶과 그녀가 할리우드에 진출했을 때, 경험했던 '재미있는' 상황을 담은 웹 시리즈《불구자 내 인생 (My Gimpy Life)》에 대해 논의해 보았다. 틸이 두 번째 시즌을 제작하기 위한 자금 지원을 받지 못하자, 그녀는 프로그램을 계속하기 위해 킥스타터 (Kickstarter)를 통해 크라우드 펀딩으로 눈을 돌렸다.《불구자 내 인생》(두 번째 시즌)은 한 달 안에 55,000달러라는 킥스타터(크라우드 펀딩 회사) 목표를 달성했다(Sherer, 2013).

《불구자 내 인생》은 이 장(장애와 미디어 노동)에 적합한 사례들을 제시한다. 이 장에서 미디어 산업의 장애인 고용 기회 부족을 면밀히 살펴보고, 이러한 위태로운 상황에서 장애인 개인 및 집단이 숙련된 미디어 노동자가 될 수 있는지 각 기회들을 검토해 보며, 새로운 디지털 기술을 사용하는 혁신적인 방법을 제시함으로써, 장애인이 새로운 공적 영역을 어떻게 창출하는지 미래 전망을 제시해 보겠다. 이를 위해, 우리는 접근성에 대한 지속적인 어려움을 고찰하면서, 새롭게 대두되는 미디어 환경을 주의 깊게 살펴보겠다.

　예외적인 사례도 있었지만, 미디어에서 장애인들의 고용과 훈련에 관한 헤드라인 기사는 거의 찾아볼 수 없으며 이와 관련한 주류 사회 변화도 더딘 편이다. 이를 탐색하기 위해 이 장은 장애인들이 미디어 산업의 고용에 자리 잡고 있는 권력 문제와 관련된 우려를 고찰하고 커뮤니티 기반의 프로젝트가 어떻게 이런 권력의 문제를 극복할 수 있는지 면밀하게 검토해보겠다. 미디어와 장애인 노동에 대한 연구가 미진하다는 점을 감안하여 향후 관련 작업에 대한 제언도 빠뜨리지 않을 것이다. 먼저 미디어 기술과 장애를 논의하겠다. 이 논의에서 접근성 문제는 핵심적으로 다뤄질 것이다. 또한 이러한 논의는 블로그 영역, 소셜 미디어, 지역 사회 TV의 사례를 통해 더 구체화될 것이다.

　이 장의 핵심은 미디어 산업의 장애 관련 참여, 배포, 교환을 위한 새로운 기회가 존재하고, 장애를 가진 사람들이 일부 사례에서 주류 미디어에 영향을 끼치고 있음에도 불구하고, 아직 중요한 문제점들이 남아 있다는 것이다. 장애는 이러한 플랫폼들을 통해 어떻게 전달되고 있는가? 새로운 매체가 장애인의 사회적 참여에 추가적인 형태를 도입하고 있는가? 장애를 가진 사람들 스스로가 미디어의 생산자로서 충분히 대표되지 못하고, 언론 전문가들이 장애를 이해하는 문화적 능력이나 훈련이 부족한 경우가 많은데, 과연 장애는 어떤 대표성을 갖는가?

## 미디어 속 장애인의 훈련과 고용

　미디어 노동은 미국 출신 미디어 학자 넬슨(Nelson)의 편서에 수록된 '직장으로서, 미디어의 실체'라는 한 섹션에 참여한 연구자들에 의해 논의됐다. 그 이후, 최소한 몇몇 주류 미디어 매체들이 장애인들의 사회적 지위를 향상시키는 연구를 외주한 사례가 있고, 미디어의 관심 증가에 따라 장애인들이 미디어 분야에서 할 수 있는 역할도 중요하게 다뤄지게 됐다. 예를 들어, 영국의 ITV, 채널 4와 채널 5에 관한 1998년 보고서에 따르면, 일부 지역 방송 면허 조건에 장애 조치 그룹과 적극적인 협조를 권고하는 항목이 있지만, '이 사안의 진행은 일관되지 않았고 장애인의 고용을 더디게 한 측면'도 있다(Wood, 2012). 그러나 보고서는 장애가 있는 일부 사람들을 커뮤니티 기반 프로젝트와 채널 4의 장애인 포럼에 참여시켜 교육을 받게 한다고 언급했다. 최근 '비즈니스 장애 포럼(Business Disability Forum)'으로 개명된 이 포럼은 고용주들에게 장애인을 고용했을 때 어떤 혜택이 있는지 교육하고 있다. 마찬가지로 채널 5는 방송의 장애 네트워크(Ofcom, 1998)의 일원이다. 이 네트워크는 우리가 나중에 심도 있게 토론하는 화면 조정 및 조절 장치 생성과도 관련되어 있다. 그러나 이러한 계획에도 불구하고 15년 이상 미디어 산업 종사자의 5.6%만이 장애인이다(Brooks et al., 2012).

미디어와 그 대표성의 역할은 업무와 고용에 대한 비장애 중심적 개념을 드러내는 데 있어 장애 연구에 중요한 역할을 했다. 장애인의 고용 증가는 미디어 장애 재현 개선의 잠재적으로 긍정적인 결과로서 자주 언급된다. 우리가 본서 전체에서 말하는 장애의 사회적 모델은 장애인의 고용 가능성에 대한 우려에서 시작되었고, 그 조건을 형성하는 데 있어 미디어가 중요하다고 보았다(Barnes and Mercer, 2005). 그러나 고용의 가능성을 제약하는 대중매체 집약된 이미지와 우리가 장애인 노동을 어떻게 인식하는지 질문이 제기된다. 즉, 미디어 산업의 장애인에 대한 직업 관념과 고용 조건은 무엇인가?

## 고용주의 두려움

'두려움'은 모든 산업에서 장애가 있는 사람들의 낮은 고용 수준에 대한 중요한 원인으로 빈번히 제기된다(Peck and Kirkbride, 2001; Raynor and Hayward, 2009). (비장애) 고용주들은 장애인을 위한 편의 제공 비용, 감독 증대에 따른 생산력 감퇴, 장애 고용인 해고 관련 어려움, 그리고 장애인 노동 생산성에 대한 의문과 같은 다수의 요인 탓에 두려움을 느끼기도 한다(Peck and Kirkbride, 2001). 장애인 고용에 대한 두려움은 모든 수준에서 노동자로서 장애인 대표성이 현저하게 낮은 미디어 산업에서도 마찬가지다. 캐나다 방송협회(CAB)는 문제의 핵심이 미디어 산업 고용의 다양성에 있다고 한다.

> 가. 장애인을 위한 방송 산업에서의 기회
> 나. 고용주, 특히 방송사의 태도
> 다. 방송국 현장의 편의 제공과 관련한 우려
> 라. 교육 및 훈련과 관련된 우려, 그리고 장애 학생의 진로로서
> 방송을 홍보하는 교육 시스템의 일반적인 지원 부족
> 마. 장애 커뮤니티와 방송사 간의 커뮤니케이션 및 홍보의 중요
> 성 이슈(Cavanagh, Krstic, Stele, 2005)

이러한 장벽들은 모두 장애인들이 노동에 기여할 수 없다는 것에 대한 두려움과 관련이 있다.

## 미디어 노동과 장애에 관한 화면은 조정되었는가?

지금은 10년이 넘었지만, 영국 보고서《화면 조정(Adjusting the Picture)》은 미디어 산업에서 장애인 고용에 대한 드문 설명서이다. 이 지침서는 방송 매체, 즉 라디오와 TV에 대한 사항이다. 제작자들은 미디어 현장에서 장애인이 직원 및 근로자로서 능력을 발휘할 수 있을지 의심하는 태도를 바꿀 것을 권고하고 있다. 나아가 장애 표출 빈도도 늘릴 것을 제언한다.《화면 조정》과 유럽 위원회의 미디어 및 장애 지침서는 오래 전에 발간됐다. 유감스럽지만 주요 결과물이 현 상황을 제대로 반영하지 못할 뿐만 아니라, 타당하지도 않다는 의구심도 제기된다. 특히, 장애인 노동력이 미디어 산업에서 부족한 것이 사실이고, 이러한 상황을 바꿀 수 있는 것은 고위 경영진의 책임이라고 할 수 있다(Fundación ONCE, 2007).

두 보고서 모두 미디어 업계의 프리랜서, 불평등한 단기 고용, 불능화된 고용 관행의 의존에서 문제의 원인을 찾고 있다(Brake and Stevens, 2004; Fundación ONCE, 2007).《화면 조정》은 장애인 노동자 배치가 과도한 비용과 동료 노동자의 과중한 업무 부담, 스트레스를 유발한다는 두려움의 문제와 몰이해를 구체적으로 다루고 있다.

제라드 고긴(Gerard Goggin), 크리스토퍼 뉴웰(Christopher Newell), 솔트하우스(Sue Salthouse)가 수행한 2002년 호주 미디어 산업에 관한 연구는 미디어 산업에 진출하려는 장애인들이 경험하는 가시적 또는 비가시적인 장벽들을 잘 기술하고 있다. 그들은 장애인들을 위한 고용과 훈련 기회에 관해 호주 영화 및 텔레비전 산업의 회원들을 면담했다. 위 학자들은 다양한 직업 경로를 가지고 있는 장애 또는 비장애 업계 인사들과 면담하여, 장애인이 미디어 산업에 진출하는 데 있어 다수의 구조적인 장벽이 참여를 크게 방해하고 있다는 것을 발견했다. 여기에는 태도, 장벽 및 자원 부족에 대한 고려와 더불어 장애에 대한 비친화적 태도 및 제한된 시설에 관한 장벽이 포함돼 있다. 경쟁이 치열한 산업일수록 장애가 있는 사람들을 위한 훈련이나 고용을 추구하지 않는 경우가 많다(Goggin and Newell, 2003b). 고긴과 뉴웰의 연구에서 가시적 비가시적 장벽을 발견했듯이, 미국(LA)에서 배역을 찾는 장애인들을 연구한 로리 브리덴(Lori Breeden)도 유사한 경향을 발견했다(Breeden, 2012). 유감스럽게도 우리는 위 연구 이외에 장애, 노동, 미디어 산업에서 장애인 인식 개선 교육과 관련한 어떠한 논문도 찾을 수 없었다. 관련 연구가 절대적으로 필요한 시점이다(Jones and Wass, 2013).

## 장애인 배우들의 고충

TV의 장애인 노출 빈도 증가는 사회 여러 곳에서 장애인의 고용을 증가시키기 위한 방법으로 자주 인용된다. 그러나 장애 배우들은 미디어 업계의 편견 탓에 사소한 편의 제공 요청도 꺼려하는 경향이 있다. 이와 관련된 학문 연구는 극히 드물고, 몇 개 있는 것조차 개념화, 접근, 방법론 측면에서 한계가 있다. 소수의 유용한 연구 자료 중 하나인 2005년 미국 영화배우조합(SAG)이 장애인 배우의 취업을 조사한 결과, 장애 배우에 대한 편견이 상당히 두드러지게 나타났다. 이 보고서에 따르면, 장애를 가진 다수의 배우들은 노동 일수가 적고, 심지어 아예 노동을 한 적이 없다고 말했으며, 작업 현장의 차별도 많다는 것이다. 일반적으로 배역의 부족, 오디션의 어려움, 장애로 제한된 고정 역할 때문에 그들의 직업 전망은 매우 불투명해 보인다(Armbrust, 2005). 사이먼 맥권(Simon McKeown)과 폴 다케(Paul Darke)는 장애인 배우들이 장애 재현성에 관한 문화적 관심에 직면하고 있는 문제들을 요약했다.

> 장애인 배우들이 주류 영상물에 출연할 기회를 갖게 되면, 그들
> 은 틀에 박힌 역할, 협상력 감소, 급여 인하, 심지어 업계 관계자
> 에 의한 그들의 경력 증진에 대한 투자 감소, 배우의 재능이나
> 경험에 관계없이 캐스팅에 대한 만연한 차별 등을 직면하게 된
> 다(McKeown and Darke, 2013: 156).

2012년 한 연구에 따르면, 장애를 가진 연기자들은 주류 역할과 장애 특정 역할 모두에서 무시당한다(Breeden, 2012). 예를 들어, 제5장에서 논의했듯이, 인기 있는 텔레비전 쇼《글리》는 첫 시즌 동안 장애인을 연기함에 있어 비장애인을 고용했다는 비판을 받았다. 추후 쇼는 실제 장애인 배우를 고용하여 이러한 비판을 불식시키기도 했다. 그 후 제작자들은 이 문제를 해결하기 위해 이 쇼의 인기와 또 다른 장르인 리얼리티 텔레비전의 폭넓은 인지도를 이용했다. 배우와 댄서들은 리얼리티 TV 탤런트 콘테스트인《글리》프로젝트를 통해《글리》의 배역들을 차지하기 위해 오디션을 보았다. 그들은 엄격한 생활에 참여하고, 우승자 1인이 남아《글리》배역을 쟁취할 때까지 점차적으로 탈락했다. 각 시즌마다 여러 명의 장애를 가진 연기자들이 참여했다. 시리즈 1의 수상자 블레이크 제너(Blake Jenner)는《글리》속 캐릭터 라이언 린(Ryan Lynn)의 난독증을 가지고 있다(The Gley Project Wiki, 2013). 마찬가지로 휠체어 사용자 알리 스토커(Ali Stoker)는 극 주인공 아티에 대한 애정과 관심을 극적으로 연기하여 캐스팅됐다(Rizzo, 2013).

장애인의 참여는 다양성을 위한 중요한 움직임이며, 점차적으로 노령 인

구가 많아지는 상황에서 미국 영화배우조합(SAG)에 잠정적인 이득이 될 수 있다. 연구 인터뷰에 참여했던 응답자들은 장애는 환경적인 요인이라는 것이고, 편의 제공은 그들의 고용 전망에 도움이 될 것이라고 믿었다. 설문 분석 결과, 이러한 편의 요청은 주로 '식료품 접근, 화장실 접근 용이성, 확대된 프린트 대본, 스태프들의 명확한 의사 전달 노력, 먼 거리 이동 및 계단 오르기 도움, 휴식 공간 및 자리 확보' 등에 집중되는 것으로 밝혀졌다 (Raynor and Hayward, 2009: 44). 그러나 대부분의 설문 응답자들은 아래와 같은 이유로 답하기를 꺼렸다.

> 응답자의 60%는 고용주들이 자신들을 고용하는 것을 꺼릴 것이라고 생각했기 때문에 편의를 요청하지 않았다고 밝혔다. 자신들이 연민의 대상으로 여겨지는 것을 느꼈고, 그 일을 할 수 없게 될까 봐 그들의 장애에 대해 솔직해지기를 꺼렸다(Raynor and Hayward, 2005: 3).

이러한 관찰은 다시 미디어에 빈번히 등장하는 장애 고정 관념의 유산이 반영된 것으로 볼 수 있다. 즉, 장애를 가진 사람들은 연민의 대상이고, 게으르며, 그냥 무능하다는 것이다. 미디어는 진입하기 어려운 경쟁력 높은 산업이고, 방송국은 '최고 중의 최고'만이 선정된다(Harpe, 1997: 147).《글리》프로젝트가 흥미로운 발전을 보여 주긴 했으나, 일부 연구들에서 실제 장애인 배우가 장애인 역할을 하지 못하는 사례들이 다수 발견됐다(Raynor and Hayward, 2009; Breeden, 2012).

예를 들어, 2009년 비장애인 배우 크리스티안 슈미트(Kristian Schmidt)가 호주 인기 드라마에서 뇌성마비 캐릭터를 연기한 사례는 장애인 배우들이 무시당하는 현실을 직간접적으로 보여 준다. 《팩 투 더 레프터스(Packed to the Rafters)》의 제작자들은 뇌성마비를 가지고 있는 배우가 텔레비전 제작의 요구 사항을 따라갈 수 없다고 믿었다(Knox, 2009). 레이너와 헤이우드에 따르면, '어떤 역할을 하더라도 장애를 가진 캐릭터를 연기하기 위해 오디션을 볼 때 장애를 갖는 것은 절대적으로 불리하게 여겨졌다'(2009: 43). TV 황금 시간대 시리즈물에서 장애를 가진 정규 캐릭터가 등장하고 장애가 있는 리얼리티 텔레비전 참가자가 급증함에도 불구하고, 한 통계 수치에 따르면, 정규 캐릭터의 1%만이 실제 장애인이 연기하는 것으로 집계됐다(Breeden, 2012).

## 커뮤니티 미디어: 미디어 속 장애인 파워

우리가 이미 알고 있듯이, 미디어 조직, 정부, 정책 및 산업 단체들이 장애에 대해 현란한 수사(rhetoric)를 사용하지만, 실제로 장애인이 미디어 산업과 직업 고용, 훈련, 미디어 산업 경력 등에 긍정적인 혜택을 받고 있다는 것은 아직 무리가 따르는 해석이다. 미디어가 장애인을 포함한 소수자들을 소외시키는 가운데, 지역 텔레비전과 지역 사회 프로젝트는 장애인들이 미디어 생산에서 실제적인 훈련을 받을 수 있는 몇 안 되는 방법 중 하나이다 (Harpe, 1997).

기술 변화와 저렴한 디지털 비디오의 보급과 함께, 다수 지역 사회 프로젝트는 1990년대에 미디어에서 장애인의 가시성을 상승시켰다. 이 중 몇 가지 사례는 BBC가 발간한 도서 《프레임(Framed, Interrogating Disability)》에 요약되어 있다. 편집자인 앤 포인턴(Ann Pointon)과 크리스 데이비스(Chris

Davies)는 '취업과 훈련 그리고 장애 예술 운동의 발전'의 경향에 대한 고려가 미디어에서 장애 인물들의 묘사 방식을 바꾸는 데 매우 중요했다고 주장한다. 장애인들은 주로 예술 활동을 통해 '지배적인 비장애 중심적' 이념과 이미지에 대한 저항을 표출한다(Pointon and Davies, 1997: 1). 장기간 장애를 가진 사람들을 위한 치료의 일부로 사용되어 온 비디오 제작은 충분히 숙련된 사람들을 위한 지속적인 고용의 가능성을 제공하고 있다(Roberts, 1997). 예술 치료의 역사적 맥락에서, 직업은 거의 주 관심사가 아니었다. 종종 프로젝트는 직업 기술을 배우는 것보다 여가 활동과 친구 만들기에 중점을 두고 설정됐다.

미디어 노동을 개혁하는 데 있어 어려운 점 중 하나는 미디어 산업에 장애인을 포함시키는 이니셔티브가 종종 작거나 지역 사회에 기반을 두고 있기 때문에 더 큰 미디어 산업에 진입하는 데 필요한 자원과 기술적 전문 지식이 부족하다는 것이다. 그럼에도 불구하고, 대안 미디어에 대한 고찰은 중요하다. 왜냐하면 대안 미디어가 더 많이 사회적 과정의 중재를 대표하고 상징적인 자원의 불균등한 분포를 보여 주기 때문이다(Couldry, 2002). 예를 들어, 공공 접속과 지역 텔레비전은 주류 미디어에 대한 중요한 대안을 제공했다(Linder, 1999; Rennie, 2006; Forde, 2011). 방송 통신 미디어는 현대 미디어 지형의 주변부(Ali, 2012)에 존재하는 것처럼 보이지만, 실제로 큰 매력을 가지고 있으며, 전통적으로 적극적인 참여를 통해 어떤 자부심을 가지고 있다(Howley, 2010). 지역 텔레비전은 소외되기 쉬운 장애인과 같은 지역 사회 단체들에게 목소리를 부여한다.

호주 빅토리아 주 기관인 장애 미디어 회사(Disability Media Inc.)에서 제작하고 호주 전역의 지역 텔레비전 채널 스펙트럼(Spectrum)에 방송한 지역 프로그램《무한대(No Limits)》의 사례가 한 예가 된다.《무한대》는 감동을 주거나 비극적인 영웅의 전형적 진부한 면을 넘어서 장애를 인식하게 하고, 시청자들을 더 많은 장애 경험에 노출시킴으로써 미디어 의제에 영향을 미치고자 한다(Smith, 2006).《무한대》는 장애인 패널들이 특정 문제들을 토론하는 매거진 스타일의 프로그램이다. 다수의 관점이 제시되고 패널들은 서로 논쟁한다. 그들의 토론에서 장애 유머 사용을 통해 사회적 태도를 무력화시키려는 콩트들도 포함되어 있다. 예를 들어, 2011년 10번째 시즌 내내 방영된 에피소드들은 데이트, 섹스, 미디어 표현, 신체 이미지, 정치 등 장애인과 관련된 많은 이슈를 보여 주었다. 지역 텔레비전은 장애를 가진 사람들에게 주류 미디어와 근본적으로 다른 방식으로 장애를 재현할 수 있는 기회를 제공했다(King and Mele, 1999: 664).

대중 접근과 지역 텔레비전은 상업적 매력이 크지 않음에도 불구하고 특정 지역 사회와 관련된 이슈를 고찰하는 프로그램을 위한 공간을 제공한다. 그러나 흥미롭게도, 지역 사회, 대중 접근, 시민 미디어에 관한 학술 문헌에서 장애를 비평적으로 다루거나 체계적으로 논의한 연구는 거의 전무하다. 그러므로 우리는 지역 사회 미디어가 실제로 어느 정도까지 명시된 목적을 전달하고 어느 선까지 장애인들이 지역 사회 미디어에 진정으로 접근하고 통제할 수 있는지 아직까지 확신할 수 없다. 우리가 알고 있는 한 지금까지 장애와 지역 사회를 탐구한 학술 연구는 없다. 지역 사회 미디어와 장애의 미시적 영향을 조사해야 하는 다양한 범위의 미래 연구가 필요한 실정이다.

이 장에서 인용된 업계 보고서와 학술 논문 전반에 걸친 공통적인 내용은 미디어 산업에 대한 장애인의 접근성 확대가 잠재적으로 장애를 가진 사람들에게 힘을 실어 주고 있다는 것이다. 로리 브리든(Lori Breeden, 2012)은 지역 공동체의 장애인 배우들이 개인과 사회적 수준에서 개혁을 제공한다는 점을 밝혔다. 피터 다우릭(Peter Dowrick)과 제임스 스쿠지(James Skouge)는 지역 사회 비디오 프로젝트, 지역 사회 텔레비전, 예술 치료가 장애인에게 목소리를 부여함으로써 장애를 가진 사람들에게 힘을 줄 수 있는 몇 가지 방법을 제시했다(Dowrick and Skouge, 2001; Jansen, Pooley, Taub-Pervizpour, 2013). 그들에게 가해진 제약을 넘어 스스로 선택 및 결정을 할 수 있는 환경을 조성해 주는 것은 전통적으로 낮은 고용 및 취약한 사회적 지위로 특징 지어졌던 장애 사회에 긍정적인 미래를 가져다줄 수 있다고 주장했다.

기술의 발전은 많은 장애인 그룹들이 새로운 지역 사회와 공공 영역을 찾아 온라인으로 이동하게 만들어 줌으로써 현재 지역 사회 활동의 상태를 변화시키고 있다. 1990년대 지역 사회에 기반을 둔 활동가들은 장애의 재현성을 디지털 비디오를 사용해 '불경한' 방식으로 되찾아야 한다고 주장했다(Hevey, 1997). 비록 지역 사회 프로젝트가 정치적 견해 차이로 인해 작은 수준의 디지털 미디어만 제공했지만 디지털 미디어는 장애를 가진 사람들에게 그들의 목소리를 부여하고 그들의 이야기를 전할 수 있는 넓은 범위를 제공했다. 마찬가지로, 방송 텔레비전과 다른 미디어 산업은 그들의 특정한 산업 영역 내에 국한돼 있는 반면, 새로운 미디어 플랫폼은 훨씬 더 많은 전달 기회를 허용하는 것으로 여겨진다. 여기서 더 중요한 것은 새로운 미디어는 일과 고용을 위한 가능성과 많이 연관되어 있다. 이것은 웹사이트, 웹 디자인, 인터넷 기반 기업의 특징이었던 새로운 종류의 일과 노동자에 대한 설명으로 1990년대 후반의 '새로운 경제'에 대한 논의에서 극적으로 설명되었다.

지식과 정보 작업을 수반하는 기업과 일자리 성장에 관하여 일의 성격에 변화가 있었다. 특히, 창의적이고 문화적인 작업에 중점을 두고 이러한 유형의 주장을 분석하고 비판하는 작업이 증가하였다(Banks, Gill, Taylor, 2013). 무엇보다도 디지털 기술의 도입과 저널리즘과 같은 전통적인 미디어 노동에 대한 극적인 변화(Deuze, 2007; Deuze, 2011)의 필요성을 논의하는 것은 불가피하다. 이러한 미디어 노동과 전문직 종사자들의 변화는 일반적인 변화를 복합적으로 만들고, 특히 일상적이고 불안정한 형태의 노동력의 증가를 초래한다. 디지털 미디어 기술에 의해 가능하게 된 이러한 업무의 변화는 공공과 민간 영역, 일 그리고 여가 사이의 관계에 복잡한 변화를 수반한다. 여러 이론가들 가운데 특히, 멜리사 그레그(Melissa Gregg)는 디지털 기술과 연관되고, 심화되는 비정규직 노동력의 새로운 젠더화된 특성을 살펴보았다(Gregg, 2011). 유의미한 시사와 함의점이 잠재적으로 있음에도 불구하고 장애와 미디어와 관련하여 이러한 질문을 던지는 연구는 아직 존재하지 않는다. 현재 참고할 수 있는 연구는 IT 산업에 초점을 맞추고 있으며, 새로운 고용 기회를 제공하지만, 디지털 기술은 시간 경과에 따른 수요 증가와 관련하여 새로운 형태의 불능화도 야기할 수 있다고 경고한다(Sapey, 2000). 장애 관점은 실제 미디어 노동과 새로운 미디어 기반에서의 변화에 대한 통찰력을 제공할 수 있고, 미디어 노동, 문화 및 사회학적 연구는 장애에 대한 연구를 지배해 온 전통적인 업무, 고용, 재활 관점을 보완하는 데 있어 많은 것을 제공한다.

이런 점에서, 방송에서 장애에 대한 새로운 아이디어를 받아들이고 참여하는 혁신적인 프로그램과 플랫폼의 개발이 중요하다. 이제 우리는 미디어를 제작하고 이 문제에 대한 의견을 내는 장애 특정 웹사이트를 논의할 것이다.

## 새로운 미디어 기술, 노동, 장애: 온라인의 역설

'불구자 여성(GimpGirl)'은 새로운 미디어 기술의 가용성과 접근성에 대응하여 발전해 온 장애 여성을 위한 온라인 커뮤니티다.

불구자 여성(GimpGirl)은 장애의 정치화와 그들의 정체성의 다른 측면에 대한 회원들의 참여에 대응하여 만들어졌다. 이 온라인 커뮤니티는 1998년 창립 멤버 제니퍼 콜(Jennifer Cole)의 개인 웹사이트로 시작돼 성인기로 전환된 장애를 가진 젊은 여성들을 위한 안전한 장소였다(Cole et al., 2011). 이 커뮤니티는 곧 전자 목록(Listserv) 서비스로 발전했고, 현재 페이스북, 라이브 저널, 세컨드 라이프 등 많은 웹 2.0 플랫폼과 연계돼 있다. 실제로 불구자 여성(GimpGirl)은 인터넷에서 장애 혁명을 일으킨 공로를 인정받았다. 이 단체는 다양한 접근성 요건을 허용하기 위해 여러 인터넷 플랫폼에서 동시 포럼을 개최하기도 했다. 플랫폼에 대한 논의는 소로(Thoreau)가 장애의 '개인적 서사' 모델이라고 묘사한 것과 연계되어 의식을 고양시키고 정치적으로 조직화했다(Thoreau, 2006).

불구자 여성(GimpGirl)과 같은 사용자가 만든 온라인 커뮤니티는 다른 장애 포럼을 위한 길을 열어 준 공로를 인정받았다. 영국(BBC)과 호주(ABC)의 공영 방송은 각각 '아우치!'와 '램프 업' 플랫폼을 통해 온라인 장애 미디어 커뮤니티를 만들었다(램프 업은 예산 삭감으로 2014년 5월 폐쇄). 아우치!와 램프 업은 편집자와 장애 작가들에 의해 게재된 사설란으로 공영 방송의 미디어 플랫폼에서 나온 콘텐츠를 한데 모은다. 이러한 단일 포털이나 플랫폼 주변의 콘텐츠 통합 모델은 여성들에게 어필할 전용 사이트를 만들기 위해 잡지나 언론사와 같은 상업적 미디어 단체에 의해 널리 사용되어 왔다. 아우치!와 램프 업의 경우, 편집자와 장애인들은 멀티미디어 플랫폼을 이용하여 장애인의 목소리를 다수 시청자들에게 전달한다.

　이러한 유형의 장애 전용 사이트의 특징, 청중, 전달력에 대해서는 아직 확실하게 알려진 바가 없다. 장애 전용 사이트는 얼마만큼 보급되어 사용되고 있는가? 그들의 영향력은 무엇인가? 얼마나 자주 대체 언론 매체와 타 주류 매체가 그들의 자료를 수집하고 재배포하는가? 얼마나 많은 비장애인이 장애 전용 사이트를 사용하고 있는가? 만약 그렇다면, 그들의 반응은 무엇이고, 무엇을 읽고, 어떻게 해석하고, 상호 작용을 하는가? 그리고 노동 측면에서, 미디어를 가진 미디어 전문가들은 이런 사이트용 재료를 생산함으로써 생계를 꾸려 가고 있는가? 노동의 조건과 그들의 경력에서 어떤 의미가 있는가? 이런 질문들은 여성 중심의 뉴스 이니셔티브, 성별과 뉴스룸, 그리고 기타 미디어 업무와 직업 분야에 대한 새로운 연구에 의해 어느 정도 다뤄지고 있지만, 장애와 관련해서는 그러한 내용을 고찰하는 연구가 아직도 전무하다.

　우리는 연구에 앞서, 플랫폼의 긍정적인 의미를 미리 알 수 있었다. 비록, 아우치!가 BBC의 주류 제작물보다 장애인의 전문적 의견을 미디어의 영역으로 전락시켰다는 비판도 제기됐지만(Zajicek, 2007), 과감한 어조와 장애 유머를 통해, 아우치!는 '장애인들의 삶과 경험'을 반영하고, 비극이나 감동의 이야기들을 뛰어넘는 장애 이미지를 접할 수 있는 기회를 제공했다. 또한 이러한 플랫폼은 장애인들이 장벽을 부수고 주류 미디어에 영향을 미칠 뿐만 아니라 이를 대체할 수 있는 미디어 제작과 작업에 참여할 수 있도록 이끈다.

## 장애인의 블로그 운영

블로깅은 유즈넷(USENET) 그룹과, 전자 우편 목록, 게시판 체계 등 1980년대와 1990년대 여러 가지 온라인 커뮤니티 형태의 후속 현상이다. 초기의 블로그들은 단순히 자주 업데이트되는 개인 웹사이트에 불과했지만, 웹사이트 관리의 기술적 측면에서 복잡성을 낮추고, 블로그 업데이트를 용이하게 하는 소셜 소프트웨어의 출현으로 블로그는 폭발적으로 증가했다. 소셜 소프트웨어가 선호하는 역시간 순서 배치는 블로그를 더욱 쉽게 관리 유지할 수 있도록 지원했다. 블로그를 통해 장애인들이 장애의 관점에서 표현과 해석을 제공하여 장애의 정체성을 중요하게 만들고 미디어 의제에 영향을 미칠 수 있는 기회를 제공하기 때문에 더욱 중요하다.

블로그 글쓰기는 잘 알려지지 않은 사건을 알려서 미디어 의제에 영향을 미칠 수 있다. 장애 블로그는 장애에 대한 다양한 관점이 중요하다는 것을 알고 있다. 특정 장애 블로그는 주로 사회 활동과 관련이 있지만, 장르는 다양하며, 장애를 가진 아이들의 양육, 장애로 일상생활을 헤쳐 나갈 수 있는 자원과 같은 다수의 영역을 포함한다. 다양한 장애 유형과 정도에 기반한 특수한 블로그들이 존재한다. 그것은 우리가 지적한 바와 같이, 장애의 개인적인 서사 모델을 통해 이론화되었고, 자아, 사회, 몸 사이의 교차점을 포착하는 것이다(Thoreau, 2006). 장애는 사회적 낙인으로 볼 수 있지만 장애 경험에 영향을 미치는 신체적 차원이 존재한다는 점도 관찰했다. 실제, 여러 장애 블로거들은 블로그를 자신의 장애를 이론화시키는 방식이자, 비장애인과 장애인에게 정체성을 인식시킬 수 있는 중요한 공간으로 보았다.

장애인과 비장애인 서포터즈에 의해 만들어진 많은 블로그의 다양한 특성은 비장애인뿐만 아니라 정치성 성향을 띠는 장애인들을 끌어모으는 효과를 냈다. 블로그 방문자들은 장애에 대한 사전 지식이나 관심이 없었지만, 그들은 장애인이 경험하는 다른 문제나 개인적인 관심사에 대한 개인 글들을 즐겨 봤고, 장애인을 무력하게 만드는 환경, 시스템, 행동을 의식하면서 자연스럽게 장애의 의미를 배운다고 언급했다(The Goldfish, 2007).

앞장에서 논의했듯이, 미디어 콘텐츠에 관심을 많이 갖는 블로그는 장애와 관련한 고정 관념에 도전하고픈 블로거들이 공통적으로 찾는 공간이기도 하다. 장애 블로그는 '장애 옹호 및 공공 참여에 대한 새로운 포럼'을 형성할 수 있는 잠재력을 가지고 있다(Kuusisto, 2007). 모든 블로그가 공유하는 특징인 구조화되지 않은 개방형 형식을 통해 장애 블로그는 주류 미디어에 존재하지 않는 장애 이미지를 제시한다. 장애 주제가 미디어 대화의 일부가 되는 것은 종종 장애 블로거들에게 동기를 부여한다. 예를 들어, '나쁜 불구자'라는 이름의 블로그를 관리하는 한 블로거가 베스 홀러에게 장애 문제에 대한 그의 이유를 설명했다. '주류 미디어에 대한 나의 경험은 절대적으로 부정적이었다. 나는 주류 미디어 이미지에 저항하는 반대 옹호자가 되고 싶다(Haller, 2010: 3).' '나쁜 불구자'라는 장애에 대한 미묘한 관점이 그의 블로그를 통해 주류 미디어로 진출할 수 있다. 장애인들이 언론 보도를 비판하고 다른 관점을 제공해야 한다는 그의 감성적 호소는 블로그에 눈을 돌린 많은 장애인 블로거들을 탄생시켰다.

나는 나의 블로그인 '불구자 퍼레이드'를 페미니스트 친구들로 구성된 온라인 커뮤니티와 함께 장애 문제에 집중하고 확장하기 위한 방법으로 만들었다. 나는 나의 장애 정체성이 위 소수자 친구들과의 관계에서 다른 측면을 압도한다고 느끼지 않을뿐더러 그 친구들이 가지고 있는 비장애 중심적 사고에 도전하고 싶었다. 이들은 모두 내가 직접 만나 본 적이 없는 친구들이었다(Olson, 2007).

블로그는 주류층의 관점에 영향을 미칠 수 있는 잠재력을 갖고 있다. 특히 미디어의 재현성, 오명, 고정 관념과 관련하여 정치적, 사회적 해설을 가능하게 한다. 블로그에서 논의된 두 가지 특별한 장애 뉴스 기사인 애슐리 X와 테리 시아보 이야기들은 장애를 가진 사람들의 목소리가 주요 미디어들에 의해 침묵하게 한다는 통찰력을 제공했다. 블로그는 정치, 문화 미디어 의제에 영향을 미치고 미디어에서 장애인에게 새로운 기회를 제공한다.

## 테리 시아보(Terry Schiavo), 애슐리 X(Ashely X), 그리고 장애인 블로깅

제4장에서 논의한 바와 같이, 장애에 대한 시각적인 면, 정서와 신호 및 코드가 뉴스에 보도될 때 분명히 나타난다. 장애는 익숙한 이야기를 제공하도록 '프레임화'돼 있다. 예를 들어 장애는 자발적 안락사의 논의 내에서 있고, 장애인으로 사는 것보다 차라리 죽는 편이 낫다는 것을 예증하는 것으로 활용된다(Haller, 2010). 장애를 가진 사람들은 청중들에게 시각적, 감성적 단서를 제공하는 것을 제외하고 대개 이러한 서사에 의해 침묵당한다.

1990년부터 식물인간 상태에 있었던 테리 시아보는 그녀의 생명 유지 장치 제거에 관한 8년간의 법정 싸움이 2005년에 공개되면서 주류 언론의 주목을 받게 되었다. 그녀의 남편인 마이클 시아보(Michael Schiavo)는 그녀의 영양 공급 장치를 제거하고 싶어 했지만, 그녀의 부모 로버트(Robert)와 메리 쉰들러(Mary Shindler)는 그녀가 의식이 있기 때문에 살아 있는 것으로 간주되어야 한다고 주장했다. 그러나 미디어 논평은 영양 공급 장치를 제거하는 것이 시아보의 존엄을 지키는 유일한 방법이라고 주장한 생명윤리학자와 '생의 마감(end of life)' 전문가들의 의견을 주로 다루었다(Drake, 2003). 테리 시아보 자신은 토론에서 발언권이 없었고, 장애를 가진 일부 사람들은 비슷하게 침묵당했다고 느꼈다.

> 미국 전역의 많은 장애인들이 이 소송에 대해 우려했다. 실제로 12개 정부 장애 단체는 시아보를 아사시키는 시도에 반대해 '법원에 공청회'를 신청했다. 우리는 진심으로 이 사건 및 소송에 대해 언급했던 모든 사람들이 다운증후군, 자폐, 알츠하이머 그리고 다른 장애를 가진 사람들의 삶에 대해 어떻게 생각하는지 알고 싶다. 위에서 언급한 장애인들이 아사로 생애를 마감해야 할 다음 주자일까? 이 질문에 '예'라고 답해도 과언은 아닐 것이다(Drake, 2003).

Fox, MSN, ABC, CNN 같은 방송사들은 장애 권리 단체들이 '문화 전쟁'을 가열시키고 있다고 비난했다(Drake, 2010). 비록 장애자 중심 관점은 법원 문서와 친구들의 지지를 통해 제자리를 찾았지만, 이것은 여전히 주류 미디어에 의해 무시됐을 뿐만 아니라 '장애인으로 살기보단 차라리 죽는 편이 낫다'는 주류 미디어의 주장에 맞게 용도 변경까지 됐다. 예를 들어, CNN 기사는 (테리 시아보의 부모) 쉰들러의 미국 장애법 사용은 '적용될 수 없으며' 이 법은 테리의 생명 유지를 연장시키는 데 근거를 마련해 주지 않는다고 주장했다(Lazarus, 2005). 결국 테리 시아보는 2005년 3월 사망했다. 올슨(Olson)은 이 논쟁을 장애 블로그 영역권 생성에 중요한 시기로 보고, 이 기간 동안 장애 문제가 미디어에서 다루어지는 방식으로 인해 일부 장애인들이 장애 중심 관점을 제공하기 위한 방법으로 블로그를 시작하게 되었다고 주장했다(Olson, 2007).

배제가 아닌 사회의 관심과 대조적인 예는 애슐리 X(Ashley X)의 사례에서도 찾아볼 수 있다. 익명의 부부가 블로그를 통해 중증 장애인 딸(애슐리)이 평생 유아로 남을 수 있도록 호르몬과 외과적 치료를 찾고 있다고 발표하자 애슐리 X는 온라인 장애 매체와 주류 언론 모두에서 주요 화제로 부상했다. 초기 이 주제는 많은 장애 블로그에서 장애에 관심이 있는 사람들에 의해 논의되었다. 이 이야기가 주류 시청자의 관심을 끌게 되자, 구글의 주요 미디어 검색과 링크를 통해 그 당시까지 거의 알려지지 않은 장애 사이트들의 트래픽이 급속도로 상승했다. 많은 장애 블로거들이 대화에 참여하길 원했고 주류 언론 인터뷰도 쇄도했다.

> 나(Olson)는 초창기 뉴스 보도와 CNN의 최초 보도와 연관된 장애 블로거들 중 한 명이었다. 나는 이 사건에 대해 비장애 중심적인 논평들이 화제를 모았던 유명 블로그 토론에 개입하기 시작했고, 어떻게든 합리적인 장애 중심 관점으로 이에 대응해야한다는 압박을 느꼈다(Olson, 2007). 시아보 사례에서 장애 커뮤니티 이론들은 수동적이었고 배제당했지만, 애슐리 X는 사건이 원색적이고 자극적이었음에도 불구하고, 장애 커뮤니티의 목소리가 주류 미디어와 시청자에게 전달된 첫 사건으로 간주되고

있다(Olson, 2007).

　장애 블로그 영역에서 다른 견해를 피력한 것에 대해 '냉혹하고 악의적인 비판'을 받았지만 오히려 올슨은 이 같은 의견 불일치가 장애 중심 관점이 정당성을 갖는 데 도움이 됐다고 주장한다. 두 사건은 비록 지금은 비교적 오래된 이야기지만, 현재 잘 확립된 장애 블로그 영역 역사에서 중요한 이정표를 세웠다고 평가받고 있다.

　테리 시아보 vs. 애슐리 X의 대조적인 사례가 보여 주듯이, 블로그는 장애에 대해 많은 수의 관중을 참여시키는 중요한 방법이다. 소셜 미디어의 중요성이 증가함에 따라 장애에 대한 개인적 서사 모델이 다시 행동주의(activism)와 사회적 포함(social inclusion)에 사용되고 있다. 이러한 미디어 플랫폼의 융합은 장애의 특성을 다양화하고 이전에 '아마추어'로 간주되었던 사람들이 미디어 조직, 아웃렛, 업무의 공식적인 출구가 아닌, 블로그 등을 통해 미디어 창작자가 되는 데 기틀을 마련했다고 볼 수 있다. 그러나 우리는 장애인 블로거에 대한 체계적인 연구를 거의 하지 않고 있으며, 그들의 노동과 직무를 당연하게 느끼고, 그들이 어떤 변화를 경험하는지에 대해 무지하다. 이들을 이해하는 탐구는 일반적으로 장애인 블로거들을 파악하는 데 상당히 유용할 뿐만 아니라 시민 저널리즘(civil journalism)의 출현 관련 풍부한 연구 자원을 확보할 수 있다. 장애인 블로거에 대한 연구가 진지하게 수용된다면 장애와 미디어의 접근성과 형식에 대해 일관되고, 지속적인 질문들이 연이어 나올 것이다.

## 미디어 노동의 활성화: 접근과 형식

고긴과 누난에 따르면, '특히 인터넷과 블로그는 장애인들이 선호하는 매체나 통신, 소비, 교환할 수 있는 새로운 모드를 제공한다'고 밝혔다(2006: 166). 고긴과 누난의 사용자 정의의 핵심은 정의와 미디어 관련 현 논쟁에서 블로그의 지속적인 중요성을 드러내고 있다.

제3장에서 논의한 바와 같이 비록 현시대에서 실현되지는 않지만, 디지털 기술, 특히 개인화된 장치와 소프트웨어는 이러한 유연성을 허용한다. 시각 장애인의 인터넷 라디오와, 오디오 블로그, 청각 장애인의 동영상 및 수어(수화) 블로그, 자폐성 장애인의 텍스트 블로그(Davidson, 2008), 또는 다양한 스타일의 의사소통을 허용하고 장애를 다른 방식으로 나타낼 수 있는 많은 종류의 블로그가 미디어 순환 및 유통, 교환, 사용자 반응의 새로운 패러다임을 만들어 내고 있다.

소셜 미디어는 의사소통, 교환, 그리고 해로운 고정 관념에 대한 비판 측면에서 장애를 가진 사람들에게 중요한 미디어로 여겨졌다. 이러한 사이트들은 사회에서 가장 전통적으로 고립된 그룹 중 한 곳의 고용과 여가의 기회를 잠재적으로 증가시킨다. 그러나 오프라인에서 접근하기 어려운 환경은 온라인에서도 반복되고 있다. 많은 장애인들이 소셜 네트워크 사이트에 접근하기 어려운 것이 현실이다. 장애인의 접근성 확대 및 사회적 태도 변화와 사회적 포함의 이점에 대한 공통된 합의에도 불구하고 홀러는 사회성 보고서에서 다음과 같은 접근 불능의 지속성에 대해 언급한다. 장애인을 위한 소셜 미디어:

인기 있는 모든 소셜 미디어 도구는 어느 정도 접근하기 어려운 상태로 남아 있다. Facebook, LinkedIn, Twitter, YouTube, 블로그 사이트 및 새롭게 등장하는 Googlegl+ 등 모두 제한적 접근성이라는 공통 특성을 갖고 있다. 다행히도, 사용자들은 대체 웹 사이트 포털, 모바일 앱, 추가 키보드 탐색 바로 가기, 온라인 지원 그룹과 같은 접근성 장벽 속에서도 이를 넘어설 길을 찾았다 (Hollier, 2012: 5).

홀리어(Hollier)는 대체적으로 비관적인 전망을 제시했지만, 상황은 변하고 있고, 그의 보고서는 낙관의 여지가 많다. 홀리어는 2008년부터 2012년까지 변화를 비교했을 때, 장애인들이 가장 쉽게 접근할 수 있는 사이트들만 택해 자신의 선택 폭을 좁히기보다 접근하기 어려운 사이트에 접근할 수 있는 해결 방안을 모색하는 방향으로 전환하고 있다고 밝혔다. 예를 들어, 2008년의 경우, 사람들이 페이스북과 마이스페이스 중 어느 것이 더 접근하기 쉬운 소셜 네트워킹 사이트인지 물어봤다면, 현재 사람들은 페이스북에 어떻게 접근해야 하는지 물어본다. 이제 페이스북은 해당 분야에서 독점적인 위치를 확보했고, 장애인들은 더 이상 소외되는 것을 원하지 않는다. 장애인 자신이 유튜브 플랫폼의 접근성 향상에 있어 핵심 주체가 된다는 점도 중요하다(Harrenstien, 2009; Hollier, 2012).

일반인부터 전문가까지 유튜브를 통해 만든 동영상들은《불구자 내 인생》과 같은 주류 미디어에서 자주 볼 수 없는 다양한 장애인 표상을 만들어냈다. 여기서 제작자로 추정되는 사람들은 아마추어 미디어를 통해 불평등한 사회적 경향에 도전하고 그것을 재편한다(Bruns and Jacobs, 2006). 예를 들어, 자폐성 장애인(Ellis, 2010b)과 정신질환자(Ellis, 2012b)는 커뮤니티 생성 및 대체 미디어 표현을 위한 플랫폼을 사용하여 유튜브에서 활발하게 활동하고 있다. 주류 미디어는 장애를 재현할 때, 불능화된 의제를 채택했다는 비난을 받았지만(Barnes, 1992; Hevey, 1997; Nelson, 2000), 유튜브와 같은 소셜 미디어 플랫폼은 장애 인식 재고를 위한 잠재력 있는 교육 도구로도 인정받고 있다(Wollheim, 2007; Columna et al., 2009; Ellis, 2010b).

2012년 홀리어의 접근성 검토 이후, 유튜브는 자체 통합 자막 편집기로 장애인들이 접근하기 위한 추가적인 개선 사항을 도입했다.

유튜브와 달리 페이스북은 장애, 뉴미디어, 미디어 접근에 대한 논의에서 다소 역설적인 모습을 보여 주고 있다. 유튜브와 마찬가지로 페이스북은 어빌리티넷(AbilityNet)의 2008년 접근성 리뷰에서 별 5개 만점 중 별 1개를 받는 데 그쳤다. 그러나 페이스북은 장애를 가진 사람들을 정치적 이익과 논평에 포함시키는 것을 허용했다(Hollier, 2010). 페이스북의 그룹 기능을 활용하여 시각 장애와 학습 장애가 있는 사람들에게 페이스북의 접근성이 떨어지는 문제를 부각시키는 것을 대신해 접근하기 쉬운 페이스북을 위한 공식 청원의 예를 들어 보자.

이 그룹은 시각 장애를 가진 학생인 앤드류 맥케이(Andrew McKay)에 의해 시작되었고, 그가 다른 그룹 멤버들과 협의하여 확인한 7가지 접근성 문제를 시정할 것을 페이스북에 요청했다(McKay, 2007). 이 청원은 수천 명의 지지자들을 끌어모았고, 국제적인 관심을 받았으며, 결국 미국시각장애인재단(AFB)과 협의하여 해당 사이트의 접근성 수정을 이끌어 냈다(Ellis and Kent, 2011). Facebook 인터페이스를 사용하여 Facebook에 대한 조치를 취하기도 했던 미국시각장애인재단(AFB)은 접근성 문제에 대한 해결책을 찾는 데 상응하는 Facebook과의 협의를 설명했다(Augusto, 2009). 미국시작장애인재단은 접근성 검사 결과, Facebook은 기존 접근성 기준(AbilityNet, 2008)을 많이 충족하지 못하고 있다고 지적했다. 이후 Facebook은 상당 부분 개선됐고,

이 사례는 접근성 관련 좋은 선례로 평가받고 있다(Cahill and Hollier, 2009). 페이스북 사례에서 활동가들의 개입이 없었다면 개선은 일어나지 못했을 것이다.

텍스트 기반 매체로서 경쟁 플랫폼인 트위터는 장애가 있는 사람들과 장애가 없는 사람들을 평등하게 만들었다. 그러나 트위터는 접근성이 떨어진다는 비판을 받아 왔다(Cahill, 2009). 사실상, 트위터는 2012년 '웹사이트의 모든 요소에 접근성 문제가 있다'는 이유로 접근성 최하등급 받았다(Hollier, 2012). 그럼에도 불구하고, 몇몇 고무적인 소식들도 전해진다. 트위터는 사용자들에게 제3자 애플리케이션을 사용하여 접속할 것을 권장하며, 트위터 자체의 접근성을 보완하기 위해 제3자 애플리케이션을 통해 다수의 접근 가능한 버전이 새롭게 개발되었다. 예를 들어, 접근 가능한 트위터 플랫폼 이지 쳐프(Easy Chirp)는 트위터의 혁신 정신에서 성장했고, 트위터 접근성 커뮤니티에서 활동 중인 웹 개발자 데니스 렘브리(Dennis Lembree)에 의해 만들어졌다.

## 결론

미디어 기관과 제도, 직업에 대한 개혁의 필요성, 여성, 인종 차별 그리고 다른 소외된 집단이 미디어에서 어떻게 재현되는가에 대한 논의 주제는 서로 연관된다. 장애 논의는 모든 차원에서 장애인 고용 수준을 높이는 것과 연관되어 나타난다. 법적 구속력이 없는 미디어 가이드라인에 있어서 지역 공동체 미디어는 새로운 공적 영역에서 어떤 기회를 제공했다. 그러나 장애인에 대한 포괄성과 접근성 향상을 자부하는 지역 공동체 미디어가 경력을 쌓고 싶은 지원자들과 미래의 미디어 노동자들을 위해 얼마나 접근성을 잘 전달하는지에 대해 거의 알지 못한다.

고용과 접근에 관한 논쟁이 계속되고 피상적인 발전이 이루어지는 동안, 블로그, 유튜브, 페이스북, 트위터는 장애인들이 미디어 산업에 종사할 수 있고 미디어 의제를 구체화시킬 수 있는 귀중한 실시간 기회를 제공했다. 장애인의 블로그 활용은 미디어 순환 및 유통, 교환 그리고 사용자 반응에 있어 새로운 패러다임을 열었다. 장애인들은 블로그를 통해 정치적 이해와 논평에 참여할 수 있었다. 블로그는 대안적 형식을 통해 다양한 유형의 손상을 완화하는 것과 함께, 장애 권리 의제를 포함했다. 유튜브를 비롯한 비디오 공유 및 배포 플랫폼을 중심으로 한 새로운 형태의 텔레비전 문화는 장애인에게 자신의 삶에 대한 비디오와 프로그램을 제공할 수 있도록 하고, 비전통적인 미디어 행위자(예를 들어 장애나 인권 단체)가 새로운 유형의 미디어 콘텐츠를 고안하고 유통할 수 있게 만들어 준다. 마찬가지로, 소셜 미디어는 페이스북과 트위터에서 인기 있는 애플리케이션을 통해 미디어 재구성의 핵심이 될 뿐만 아니라, 장애를 독특하고 새로운 방식으로 미디어에서 재현할 수 있게 해 준다. 그러나 논의한 바와 같이, 새롭게 부상하는 소셜 미디어 플랫폼들이 종종 접근성 혁신을 등한시하거나 반하는 사실은 개탄스럽지 않을 수 없다. 새로운 플랫폼 사용자들이 콘텐츠를 제작, 생산 및 유통할 수 있도록 필요한 기회를 제공하려면 접근성에 관한 지속적인 설계와 논의가 중요하다. 이것은 결국 장애인들이 미디어 노동 상황을 변화시킬 수 있는 길을 열어 줄 뿐만 아니라 오래된 미디어 체계와 새로운 미디어 체계가 재편될 수 있도록 돕는다.

# 제7장

# 결론: 장애와 미디어로의 역량 발휘

2010년 7월 장애인 다큐멘터리 영화 제작자 빌리 골퍼스(Billy Golfus)가 유튜브의 새 채널 '우리 이야기 프로젝트(It's Our Story Project)'에 출연했다. 이 채널의 명시적인 목표는 장애를 가진 유명 미국인들을 인터뷰함으로써 '장애 역사를 전국적으로 널리 알리고 접근하기 쉽게 만드는 것'이었다. 1995년 다큐멘터리《빌리의 머리가 깨졌을 때… 그리고 경이로운 다른 이야기들(When Billy Broke His Head... and Other Tales of Wonder)》로 미국 에미상 후보로 지명된 골퍼스는 미디어 산업에서 자신에게 주어진 빈약한 기회들에 대해 신랄하게 비판했다. 골퍼스는 그의 장애를 편견으로 바라보는 미디어 산업 전반을 문제의 원인으로 지목했다. 골퍼스는 그와 좋은 관계를 맺었던 비장애인 공동 제작자인 데이비드 심슨(David Simpson)과 이와 상반되는 관계를 맺었던 다른 미디어 산업 관계자들과의 상호 작용을 비교, 대조했다.

나는 우울한 사람으로 취급당했습니다. 장애인들은 여러 맥락에서 이런 경험들을 자주 합니다. 장애인이 밝은 사람으로 취급받기는 어렵겠죠? 나는 언제나 뒤에서 이야기되는 존재였습니다. 내가 그 다큐멘터리를 썼고, 에미상 후보에도 올랐어요. 각본상으로요. 이것이 진짜 내가 말하고 싶은 바였어요⋯. 이 영화는 주인공의 이야기가 아니에요. 이 영화는 내 친구들에 대한 이야기예요. 그것은 나에 대한 이야기이기도 하죠. 주인공은 직업을 얻었으며 그는 PBS에서 일하게 되었어요(Golfus, 2010).

골퍼스는 비평가들로부터 호평 받았던 영화를 감독하고 제작했음에도 불구하고, 직업적인 상호 작용에서 침묵하기를 강요당했다. 골퍼스의 비판은 장애와 우려되는 미디어 관련 몇 가지 주요 문제점들과 연관된다. 그의 경험은 미디어 산업에 진출하려고 할 때, 불능화를 빈번하게 겪는 장애인들의 사회적, 태도적, 제도적 편견 및 차별을 반영한다. 골퍼스는 '영화 밖' 이야기를 하며 미디어가 장애를 이용해 이야기를 전개하고, 신문을 팔고, 시청자의 관심을 끄는 방식을 논한다. 그렇기 때문에 미디어 재현 및 참여는 미디어 장애 관련 학술 조사에 핵심이 된다. 골퍼스의 경험과 비판은 장애인들에게 미디어의 위험을 상기시킨다.

우리는 이 책을 통해서 미디어 속 장애가 매우 중요하다는 사실을 알리고자 했다. 미디어는 일상생활과 공공 생활에 만연해 있으며 유의미한 역할을 한다. 이 역할의 중요도가 증가함에 따라, 미디어 배제에 따른 대가도 상당했다. 골퍼스가 언급했듯이, 장애인은 제한된 재현 방식과 미디어 제작 참여 기회의 부족 탓에 미디어에서 배제되었다. 미디어 매체에 대한 장애인의 접근성이 화두가 되고 있으며 이에 따라 현재 국제법들은 접근성에 대한 개선을 요구하고 있다.

미디어가 사회에서 모든 개인과 집단의 정의 실현을 옹호하는 것은 중요한 이슈다. 성, 인종, 또는 지정학적 권력 투쟁의 관점에서 미디어를 면밀히 조사하고 탐구하는 것에 좀 더 익숙해져야 한다. 장애는 미디어의 주제로 상대적으로 새로운 내용이며, 장애와 미디어 관련 연구는 매우 풍부한 가능성과 개방성을 통해 사회에 상당한 도전거리들을 제시한다. 균형, 객관성, 정확한 정보, 그리고 민주 사회를 위한 적절한 서사와 사유력을 제공하는 미디어의 역할과 책임에 대한 오래된 질문들은 장애를 고찰함으로써 강화될 수 있다.

이 책을 통해서, 장애에 의해 실현될 수 있는 것들을 알리고자 했다. 미디어는 불쌍한 사람, 비련의 주인공, 감동을 주는 사람들, 속칭 특수한 사람들을 위한 헌신적인 장르만을 다루는 공간이 아니다. 미디어는 단순한 인간 정신의 승리를 제공하거나, 우리가 노력만 한다면 이타적이고 자비로운 사람이 될 수 있다는 교훈적 메시지를 제시하는 공간도 아니다. 장애는 우리 각자에게 영향을 미친다. 우리가 장애와 동일시하건 그렇지 않건 간에, 우리의 수명이 연장된다면 장애를 바라보는 프레임은 반드시 달라져야 한다. 우리는 삶 속에서 심각한 손상을 경험하게 될 것이다. 또한 우리는 사회적 저평가, 부적응, 주변화, 배제화뿐만 아니라 뿌리 깊은 문화적, 정치적 차원의 장애를 경험할 것이다.

장애를 정의하는 것은 인간으로 판단되는 것과 인간으로 판단되지 않는 것을 규정하는 것과 마찬가지이다. 나아가, 신앙 공동체에서 종교적 사유와 실천의 어두운 역사가 방증하듯이, 우리의 영적 사고는 장애에 의해 상당한 영향을 받는다. 따라서 장애는 미디어의 주요 관심사이며, 미디어를 구성할 뿐만 아니라, 미디어 종사자, 미디어 이윤, 특정 목적을 위해 미디어를 사용하는 자들에게도 상당한 영향을 미친다. 결론에서 우리는 본서의 주요 주장과 통찰력을 집결시키고 장애에 대한 미디어의 필수적 이해에서 비롯되는 몇 가지 어려운 과제와 특별한 기회들을 개략적으로 설명할 것이다.

## 장애와 미디어에 대한 전방위적 관점

미디어 연구, 정책 및 관행에서 장애가 전형적으로 창출되는 방법은 접근성과 관련이 있다. 1990년대 초반부터 우리가 접해 온 커뮤니케이션, 미디어, 그리고 새로운 연구 학회 및 연구 문헌에서 장애 접근은 소수 학술 발표나 소규모 연구 형태로 이뤄진 바 있다. 월드 와이드 웹(World Wide Web)의 도입과 함께 접근성은 중요한 이슈가 되었고, 장애는 인터넷에 주요 관심사가 되었다. 그러나 놀랍게도, 우리가 이미 설명했듯이, 사회의 다른 측면과 관련된 매우 중요한 지적, 정치적, 문화적 운동의 증가에도 불구하고 장애는 미디어, 커뮤니케이션, 문화 연구와 사회, 역사, 인류학 등과 같은 학문 분야의 비판적 화두에서 언제나 주인공이 되지 못했다.

우리는 왜 미디어 연구에서 장애 간극이 존재하는지 당혹감과 함께 그것을 스스로 질문할 필요가 있다. 우리는 본서에서 미디어와 장애 관련한 유용한 연구들에 귀 기울이고 그것들을 집중 조명했다. 주목할 점은 장애 학자들이 미디어와 장애에 대한 비판에 일관성을 가지고 적극적으로 참여했다는 것이다. 우리는 왜 장애가 결함으로 이해되는지, 왜 장애가 여전히 미디어와 저널리즘 강좌에 자주 편입되지 않는 주제인지, 왜 장애가 커뮤니케이션에서 좀처럼 핵심 주제로 제기되지 않는지에 관해 도무지 이해할 수가 없다.

우리가 분명히 밝혔듯이, 장애는 접근성, 재현성, 사회적 참여, 경제, 미디어 산업, 일, 여가 등을 포함하는 총체적 방식이다. 요컨대, 미디어 연구의 많은 역사가 정치 경제 및 정책에 대한 질문, 의미, 문화 텍스트, 관행, 가치에 대한 질문들을 연결하는 방법을 찾는 것이었다면, 장애가 이런 주제에 대해 청중들에게 근거를 제시해야 했으며, 미디어에 참여함으로써 미디어와 정치의 연관성을 추적했어야 했다. 미디어학에서 장애를 연구해야 할 이유가 바로 여기에 있다.

우리는 본서에서 미디어가 장애를 인정했고, 현대 사회의 역동성을 반영하는 방식을 제시했으며, 그것이 독자들에게 잘 전달됐기를 희망한다. 그리고 우리는 장애 경험, 이론 및 연구로부터 배운 오랜 시간 지속된 관점을 통해 순환, 통신, 형태, 형식, 채널, 플랫폼, 그리고 우리의 미래에 매우 중요한 기술 등의 측면에서 미디어를 다시 읽고 생각하려고 노력했다.

## 기존 파티는 끝났으니, 새로운 파티의 시작을 알리자

페미니스트, 비평 인종, 탈식민주의, 퀴어, 그리고 다른 미디어 사상가들의 이론에 입각한 우리의 주장은 어쩌면 임시방편적이며 적합하지 않을지도 모른다. 이를 보완하기 위해 우리가 제시하는 장애 관련 미디어 이론은 접근성, 재현성, 소비와 생산, 미디어 제작 및 작업을 포함하는 총체적인 접근이었다. 학생, 교사, 전문가, 정책 입안자들의 훌륭한 연구, 미디어 제작, 토론을 통해 장애 관련 방대한 일을 착수할 절호의 시간이다.

우선 장애 관련 가이드라인은 장애에 대한 기존 이미지를 바꾸는 데 유용하지만, 특정 맥락을 제시하지 않기 때문에 생색내기 또는 차별적 언어 표현 금지령을 제외하고 공감을 이루어 내기 어렵다. 예를 들어, 우리가 살고 있는 호주에는 8개 주와 영토 사이에 최소한 7개의 주요 가이드라인 작동하고 있다. 가장 중요한 것은 가이드라인이 기억의 신속성, 속기, 그리고 무엇보다도 언론인들과 뉴스 제작자들이 잘 알고 있는 모든 전문적 통찰력과 창의성을 발휘하기 위한 출발점이자 도약점이라는 것이다. 또한 가이드라인은 장애를 정확하고 적절하게 표현하기 위한 정의를 행하기 위한 것이며 관객들을 즐겁게 하고 사업적 이치에 맞게 만드는 것이다.

장애에 대한 긍정적인 이미지에 관해서 누가 반대할 수 있을까? 소셜 미디어에서 공개적 또는 비공개적으로 장애를 비난하는 자들을 제외하고, 어느 누구도 장애에 대한 부정적인 이미지 및 발언에 찬성하는 사람은 없을 것이다. 장애에 대한 환영과 경애는 패럴림픽과 같이 국가 차원의 행사에서 크게 드러난다. 그러나 우리가 주목한 바와 같이, 이러한 이미지들은 종종 장애를 가진 사람들의 매우 다양한 경험과 권익을 반영하지 못하고, 여전히 뿌리 박힌 고정 관념을 강화시키고, 현재 합리적으로 의심받고 있는 불능화된 이미지와 태도를 공고하게 만들기도 한다.

그래서 우리는 장애와 미디어를 변화시키기 위한 새로운 방향과 이를 통해 사회의 장애를 포용하는 데 기여하는 것이 다름 아닌 창의력, 실험, 과감한 사고 장려, 비언어적 접근, 그리고 사회가 필요로 하는 많은 다른 도구들에 대한 효과를 내기 위해 스스로를 재사유화시키는 것이라고 확신한다. 위험을 감수하자… 사실, 언론의 영향력이 크다는 것을 감안하더라도, 변명의 여지가 없을 정도로 일반화의 오류를 저질러 왔다. 특히, 장애를 재현함에 있어 큰 문제점을 노출시켰다. 우리는 장애라는 기술 용어를 과장과 격앙의 정신으로 사용했지만, 장애가 그렇지 않다는 주장도 뒷받침할 만한 증거가 꽤 있다.

로렐스(Laurels)는 기자 가이드라인과 같은 이니셔티브를 취하는 데 있어서 잠시 휴지기를 가졌다. 충분한 자료, 평가 또는 책임감 없이 장애인 정책 또는 프로그램이 시작되기도 했다. 방송사들 특히, 공공 서비스 매체들은 장애에 관한 유명한 시리즈를 몇 편 의뢰한 것을 스스로 뿌듯해하기도 했다. 이 시리즈물들은 심지어 장애를 가진 배우들을 포함시키기도 했다. 예외적으로, 극소수 장애인들이 미디어에서 경력을 갖기도 하고, 때론 미디어 작업에 착수하기도 한다. 많은 미디어 기술 회사들, 심지어 평키한 새로운 디지털 미디어에서도 그들의 네트워크, 제품, 서비스에 대한 접근성을 높이기 위해 악전고투를 감수해야 한다. 전 세계의 미디어 규제 당국은 1990년대 중반에서 후반까지 장애에 대한 그들의 광범위한 의무(예를 들어, 공공 이익)를 명확히 하거나 보호하기 위한 조치를 취하지 않았다. 정부는 법적 조치가 취해질 때까지 미디어의 장애 관련 사안들을 다루기 위한 적절한 입법적 변화를 꺼렸고, 이에 따라 로비와 옹호도 본격적으로 취해졌다. 그 후, 장애를 가진 사람들의 권리에 관한 유엔 협약이 체결될 때까지, 미디어 교육 기관에서 전략적으로 중요한 역할을 할 수 있는 장애인들이 미디어 직군에서 좋은 경력을 쌓았다는 기록을 찾아볼 수 없었다. 미디어 학자인 우리들도 다른 비교 가능한 주제들과 함께 오랫동안 진행되어 온 장애에 대한 비판적 관심, 교육, 연구를 확장시키는 데 등한시한 바 있다. 그러나 장애는 사회의 근본적인 양상이며 장애에 대한 고찰은 미디어가 일상생활에서 하는 역할의 함의를 통해 여러 가지 생각할 기회를 제공해 준다.

의외로, 장애에 대한 새로운 비전, 어휘, 그리고 다르게 접근하는 사유 수단을 제시한 영역은 미디어가 아니라, 춤, 시, 문학, 글쓰기, 코미디, 접근하기 쉬운 예술, 행동주의, 음악, 영화 등의 영역이었다. 장애에 대한 획기적인 새로운 아이디어는 전통적인 미디어, 잡지, 방송, 광고, 심지어 인터넷, 모바일 또는 컴퓨터 게임과 같은 새로운 미디어 형태 이외의 영역에서 생성됐다. 우리가 언급했던 대표적인 예가 장애, 코미디, 유머이다. 런던 패럴림픽을 획기적으로 만들었던 장애 예술과 문화적 르네상스는 미디어에 의해 자기의 정신, 태도, 제작 역량, 생산적 대역폭을 확장하도록 압박했다.

## 실질적 차이를 만드는 미디어

위험한 일반화일 수 있다. 만약 그것이 진실이라면, 미디어는 장애와 그 문화적 효력, 그리고 사회적 혁신보다 앞서가야 한다. 장애인들이 특정한 방법을 통해 미디어나 정보에 접근할 수 없다는 것은 정말 우려되는 바이다. 특히 미디어가 이전과는 다른 방식으로 작동한다는 점을 감안할 때 더욱 그러하다. 장애는 특정 플랫폼과 관련된 비용, 특성 및 사용 문화를 통해 특정한 방식으로 전달된다.

소셜 미디어를 통해 전달되는 자연재해 경고의 한 가지 예를 들어 보자. 이 플랫폼에 접근할 수 없는 사람들에 대한 영향은 정말 치명적일 수 있다(Kent and Ellis, 2013). 호주 시각 장애인을 지원하는 정책 담당자인 로렌 헨리(Lauren Henley)는 다음과 같이 설명한다.

'당신은 텔레비전에서 제외되는 것이 크게 중요하지 않을지도 모르겠지만 그것은 역대급 인기 드라마의 최신 에피소드를 놓치는 것만큼 중요한 일이다. 다른 친구들과 가족들처럼, 나는 내가 보는 것에 대한 선택권을 가지고 이 세상 돌아가는 상황에 대해 정보를 얻을 수 있는 능력을 갖고 싶다. 나는 시력을 잃었을 때 많은 것을 잃었지만, 내가 잃은 것 중 하나는 거의 명확하게 정의되지 않는 용어인 사회적 포함이었다(Henley, 2012).

헨리(Henley)가 주장한 것처럼 그것은 꽤 간단한 사안이다. 친구나 가족처럼 장애를 가진 사람들은 그들이 보는 것, 그리고 세상 돌아가는 상황을 알 수 있는 능력을 선택하기를 원한다. 제3장에서 논의했듯이, 디지털 텔레비전 스탠드와 같은 새로운 플랫폼은 여기서 중요한 역할을 한다. 헨리와 다른 시각 장애인들이 사용할 수 있는 화면 해설 이외에도, 디지털 텔레비전은 자막, 립싱크 아바타, 아바타 서명, 음성 자막, 그리고 잡음 제거 음향 장치 기능을 제공하여 장애인 시청자들에게 편의를 제공한다. 새로운 미디어에 의해 새로운 유형의 장애가 발생하듯이, 장애 미디어 관행도 마찬가지다.

새로운 미디어의 도입이 새로운 의사소통 방식을 요구하지만, 주요 분야에서 접근성의 중요도는 무시당했다. 예를 들어, 페이스북은 2004년 대중에게 소개된 이후, 접근성과 관련하여 장애인들과 골치 아픈 관계를 유지해왔다. 페이스북은 시각 장애인과 지적 장애인이 전혀 접근할 수 없는 것으로 간주되어 왔고(McKay, 2007), 미국 시각 장애인 재단(American Foundation for the Blind, 2011)의 접근성 심사를 받아야 했다(Cahill and Hollier, 2009). 최근, 소셜 미디어 전문가들은 사이트 설계 뒤에 숨겨진 접근 불능 기능을 명시했고, 장애인들이 모바일 앱을 통해 사이트에 접속할 수 있도록 독려하고, 접근 가능한 작업에 대한 지식을 공유할 수 있는 전문가 커뮤니티를 형성했다(Hollier, 2012). 마지막으로, 페이스북은 매우 반가운 조치로 전문접근성팀을 발족했다(Hollier, 2013).

미디어는 단순한 비즈니스 사업이 아니라, 일상생활의 중심이기 때문에 불능화된 배치에 대한 관대함은 더 이상 묵인되면 안 된다. 무엇보다 중요한 것은 이러한 조치들이 만인 호혜적 성격을 가져야 한다는 것이다. 계단

이 아니라 승강기를 통해 지역 기차역에 접근할 수 있도록 하는 것은 유모차에 유아를 태우고 있는 부모들, 큰 소포를 운반하는 통근자들 또는 피곤하거나 이동성에 문제가 있는 우리 중 누군가가 더 나은 접근과 서비스를 받을 수 있다는 것을 의미한다. 미디어에서 장애 설계와 접근성을 고려할 때, 비장애인 인구와 상호 교차되어야 하고, 비장애인도 당연히 사용할 수 있으며, 이해하기 쉽고, 맞춤화되고, 개별화된 기술을 추구해야 하는데 그것이 어렵다는 것이다. 한 연구에 따르면, 장애를 가진 사람들이 기술을 사용하기 어렵게 여긴다면, 대다수의 소비자들도 마찬가지라고 한다. 영국 통신부는 이를 고려하여 기업들이 최대한의 사용 적합성을 얻기 위해 장애를 가진 사람들을 염두에 둔 제품을 개발해야 한다고 권고했다(Sinclair et al., 2007). 미디어 제품, 서비스 및 기술의 접근성과 유용성은 종종 설계, 정보, 정책 및 비용에 대한 어려운 문제를 야기하기도 한다. 이런 점에서 접근성 문제 해결은 장애 미디어 개혁의 핵심이라고 할 수 있다.

## 재현과 대표성

우리가 이 책에서 탐구한 현대 미디어의 매우 흥미로운 특성은 장애 관련 재현과 대표성을 바로잡기 위한 작업이라고 할 수 있다. 우리는 텔레비전 드라마, 범죄, 그리고 여러 장르들에서 장애가 재현되는 다수 사례들을 살펴보았다. 이 책에서 다양한 분석과 관점을 소개할 때, 반대되는 관점들도 염두에 두고 관련 텍스트, 이미지 및 프로그램이 무엇을 의미하는지 심층적으로 접근했다. 우리는 미디어 장애 읽기 사례 개념과 설명한 관련 분야에 대해 새로운 탐색을 시도하길 희망한다. 물론, 장애는 학생 과제에서 아주 중요한 주제이기도 하지만, 장애는 미디어 관련 비판적 분석, 대화, 토론들을 만들어 사회에 필요한 장애 인식 변화를 불러일으킬 수 있다.

장애 재현을 논하면서, 우리는 많은 미디어 이론가들이 재현의 난국을 뛰어넘을 필요가 있다고 지적했다. 게다가 재현 문제 이외에 다른 미디어 이슈를 제기하는 학자들도 있었다. 미디어와 장애 관련 또 다른 연구 방향은 미디어에서 말하기, 목소리, 듣기의 복합성을 심도 있게 고찰하는 작업이었다. 다수의 학자들은 미디어가 사회에서 결정적인 역할을 하는 문화 역동성을 가지고 있다는 점을 인정해야 한다고 주장했다(O'Donnell, Lloyd and Dreher, 2009). 포괄적으로 말하면, '듣기로의' 전환은 이전에 소외되거나, 배제되거나, 간과되었던 집단들이 공식적인 발언권을 인정받거나, 이것을 실질적으로 달성할지라도 충분치 않다는 것이다. 오히려 말하기는 듣기와의 관계에서 발생하며, 듣기는 인식에 기초하고(Fraser, 1995; Honneth, 2001) 헌신적인 노동력과 자원을 포함한다. 물론 미디어에서 듣는다는 개념은 의미 생산을 완성한다는 점에서 중요할 뿐만 아니라, 청중의 관점으로 되돌아가는 시너지 효과도 낸다. 실제로 장애는 목소리 정치에 대한 중요성과 듣는 것에 관한 우리의 사회적 준비 즉, 누가 듣고, 그들이 어떤 행동을 하고, 그 결과물이 어떻게 만들어지는지 탐색하게 만든다는 점에서 매우 흥미롭다(Goggin, 2009).


## 미디어 및 사회 참여 약속의 이행

영국의 장애 이론가 데이비드 헤비(David Hevey, 1997)와 콜린 반스(Colin Barnes, 1992)는 오래전부터 미디어의 힘을 인식했고, 장애인을 포함시키려는 미디어의 프레임도 발견했다. 장애를 가진 사람들은 여전히 미디어 산업의 노동자로서 아직 대표성을 가지지 못했다. 한편, 미디어에서 장애인의 참여, 배포, 교환의 기회는 공식 및 비공식 포럼뿐만 아니라 유튜브, 페이스북, 트위터, 블로그의 이른바 사용자 생성 콘텐츠에서도 이루어진다. 다수의 유용한 온라인 네트워크(베스 홀러의 Media dis&dat, 리즈 대학교 장애 연구 아카이브, 템플 대학교의 장애 연구 블로그 카니발, BBC의 아우치!)들이 인터넷상에서 개인에 의해 설립되었다. 장애 미디어 프로필을 증가시키는 것 이외에도, 사용자 생성 콘텐츠 중 일부는 가끔 주류 미디어에 영향을 끼치기도 한다.

급변하는 미디어 환경에서 경쟁력을 유지하기 위해, 텔레비전은 방송뿐만 아니라 다양한 형식과 장르에 장애를 적용하고, 활용하며, 혁신해야 했다. 제작자들은 소셜 미디어를 시청자를 끌어모으기 위한 방안으로 사용하고 있다. 예를 들어, 오프라 윈프리(Oprah Winfrey)가 그녀의 채널(OWN 채널)을 시작했을 때, 관객이 쇼를 직접 진행하는 공개 오디션 프로그램을 시도했다. 26세 뇌성마비 잭 아너(Zach Anner)는 Oprah.com에 코미디 여행 쇼 동영상을 올렸다. 그의 오디션 비디오는 900만 표를 받았고 그의 6부작 여행 시리즈인 《잭과 함께 한바탕 놀아 보기(Rolling with Zach)》는 결국 OWN에서 방영되었다.

잭의 오디션 비디오는 장애 유머를 통해 텔레비전에서 방영되는 기존의 장애에 대한 일반적인 감동과 비극적 스토리를 다시 생각하게 만들었다. 그는 장애가 있는 사람들이 정기적으로 경험하는 일반적인 접근성 문제를 강조하려 했다. 재미있고 자기 비하적인 오디션에서 잭은 자신을 뇌성마비 또는 '가장 섹시한 뇌성마비'라고 묘사한다. 그는 요리 쇼나 건강과 라이프스타일 쇼에는 적합하지 않지만, 여행 쇼에는 매우 어울리는 인물 유형이다. 오디션 내내 잭은 관객들을 열광시키기 위해 몸을 움직이는 자신만의 특이한 방식을 부각시켰다. 헨리 젠킨스(Henly Jenkins)가 2006년 저서《융합 문화 (컨버전스 컬처)》에서 이론화한 여러 미디어 플랫폼 연구 사례로서, 잭의 오디션 비디오는 주류 미디어에서 보기 힘든 장애를 급진적으로 표현하고 있다.

참여형 미디어 문화로의 전환은 아마도 장애를 가진 사람들에게 비장애인 세계를 끌어들이는 기회를 제공할 것이다. 우리는 장애인들이 미디어 세계의 경계 밖에서 새로운 이야기를 하기 위해 새로운 미디어 플랫폼을 사용하고 있거나, 새로운 방식으로 오래된 서사들을 이야기하기 위해 사용하는 몇몇 예시들을 보고 있다. 예를 들어, 영국 브라이튼(Brighton) 시 공유 아파트에 거주하는 지적 장애를 가진 다섯 명의 젊은이들에 관한 웹 시리즈인《더 스페셜(The Specials)》을 살펴보자.《더 스페셜》은 '특수 학교나 특수 시설에 국한된 하위 문화를 조명했다'는 호평을 받았다(Shaw, 2010).

인터넷 시리즈는 특히 장애의 대안적 재현의 측면에서 중요하다. 많은 텔레비전 연속극 하위 장르들처럼, 첫 번째 시리즈는 샘, 메건, 루이스의 삼각관계에서 끝났고, 다른 모든 동거인들은 메건이 누구를 선택해야 하는지 그리고 그녀의 행동이 적절한지 그들만의 관점을 제공했다. 2011년 말,《더 스페셜》의 제작자 케이티(Katy)와 덴 락(Dan Lock)은 이 프로그램이 미국의 네트워크 TV에 방영될 예정이기 때문에 시즌 2 방영이 지연될 것이라고 밝혔고, 이로 인해 팬들은 극 중에 등장하는 샘, 메건, 루이스 사이에서 실제로 무슨 일이 일어날지 매우 궁금해했다. 집필 시점을 기준으로 시즌 2는 OWN 방송사에서 방영될 예정이다. 따라서 다음과 같은 질문들이 중요하다.《더 스페셜》의 첫 시즌이 방송사 수칙에 맞춰 '재편집'될 것인가? 하위 문화를 정확하게 묘사할 수 있을까? 아니면 이 웹 시리즈와 궤를 달리하는 고정 관념에 맞게 이러한 다면적인 등장인물들이 용도 변경될 것인가? 시청자들은 과연 이러한 새로운 이미지에 귀 기울일 것인가, 기존의 비극적

> 잭이 세계에서 가장 악명 높은 장소에 가서 세계 여행의 자발성
> 을 수용하는지 지켜보세요. 어떤 장애물이든 간에 그는 미소와
> 함께 꿋꿋이 이겨 낼 것이다(Winfrey, 2012).

휠체어에 실린 잭에 대한 묘사는 상당한 문제를 안고 있고, 제3장에서 논의한 바와 같이 장애 보고서에 나온 가이드라인을 위반하기도 한다. 휠체어는 사람을 속박하지 않으며, 휠체어가 접근할 수 없는 장소들이 당사자를 구속할 뿐이다. 게다가 오프라 윈프리와 그녀의 세계적인 네트워크를 통해 잭은 일반 장애인들이 이용할 수 없거나 접근하기 어려운 장소를 쉽게 헤쳐 나갈 수 있을 것이다. 미디어 세계는 계속해서 사회에 대한 비전을 만들어 그것을 적은 비용으로 제공할 수 있지만, 사용자들은 사용자 생성 콘텐츠의 비용만으로 미디어 메시지 생산을 할 수밖에 없다. 장애인이 온라인 미디어의 생산과 소비 활동에 참여함에 따라, 그들은 장애 문제에 대한 공통된 이해를 형성하는 데 기여하게 됐다. 새로운 미디어 문화와 플랫폼들이 장애와 미디어에서 절대적으로 필요한 개혁의 지점이 되느냐 안 되느냐에 대한 문제는 다양한 사람들의 참여 여부로 결정될 것이다.

# 참고 문헌

@Uncle_A_Trotter (2013) 'Miley Cyrus Has Hired 7 Dwarves as Backing Dancers – They Whistle as They Twerk', *Twitter*, 17 September. Available at https://twitter.com/Uncle_A_Trotter/status/379896105640534016

Abbott, S. (ed.) (2010) *The Cult TV Book* (London and New York: I.B. Tauris).

AbilityNet (2008) *State of the eNation Web Accessibility Reports: Social Networking websites*. Available at http://www.abilitynet.org.uk/docs/enation/2008SocialNetworkingSites.pdf

Abou-Zahra, S., J. Brewer and S. L. Henry (2013) 'Essential Components of Mobile Web Accessibility', W4A 13 Proceedings of the 10th International Cross-Disciplinary Conference on Web Accessibility, article no. 5, 13–17 May, Rio de Janeiro, Brazil.

Abruzzese, A., N. Barile, J. Gebhardt, J. Vincent and L. Fortunati (eds) (2012) *The New Television Ecosystem* (New York: Peter Lang).

Anderson, B. (1983) *Imagined Communities: Reflections on the Origin and Spread of Nationalism* (London: Verso).

Accessible Media Inc (AMI) (2014) 'About AMI', Accessible Media Inc. Available at http://www.ami.ca/about/Pages/default.aspx

Ali, C. (2012) 'Media at the Margins: Policy and Practice in American, Canadian and British Community Television', *International Journal Communication* vol. 6, pp. 1119–1138.

Alper, M., E. Ellcessor, K. Ellis and G. Goggin (2015) 'Reimagining the Good Life with Disability: Communication, New Technology, and Humane Connections', in H. Wang (ed.) *Communication and the Good Life* (New York: Peter Lang).

Anderson, P. J., G. Ogola and M. Williams (eds) (2014) *The Future of Quality News Journalism: A Cross-Continental Analysis* (New York: Routledge).

Ang, I. (1991) *Desperately Seeking the Audience* (London: Routledge).

Anner, Z. (2012) 'Zach's Oprah Audition', *YouTube*, 14 June. Available at https://www.youtube.com/watch?v=T_35KKa3b1c

Armbrust, R. (2005) 'Bias High Against Disabilities', *Back Stage* 28 July–3 August, p. 3.

Augusto, C. R. (2009) 'Making Facebook Accessible for Everyone', *The Facebook Blog*, 7 April. Available at https://www.facebook.com/notes/facebook/making-facebook-accessible-for-everyone/71852922130

Auslander, G. and N. Gold (1999) 'Disability Terminology in the Media: A Comparison of Newspaper Reports in Canada and Israel', *Social Science & Medicine* vol. 48, pp. 1395–1405.

Australian Communications and Media Authority (ACMA) (2010) *Digital Radio Accessibility: Developments with Digital Radio Technology for People with Disabilities* (Sydney: ACMA). Available at http://www.acma.gov.au/Industry/ Broadcast/Spectrum-for-broadcasting/Broadcast-planning/digital-radio-1

Baldwin, S. C. (1993) *Pictures in the Air: The Story of the National Theatre of the Deaf* (Washington, DC: Gaulladet University Press).

Banks, M., R. Gill and S. Taylor (eds) (2013) *Theorizing Cultural Work: Labour, Continuity and Change in the Creative Industries* (New York: Routledge).

Barnes, C. (1992) *Disabling Imagery and the Media: An Exploration of the Principles for Media Representations of Disabled People*. Available at http://www.leeds.ac. uk/disability-studies/archiveuk/Barnes/disabling%20imagery.pdf.

Barnes, C. and G. Mercer (2005) 'Disability, Work, and Welfare: Challenging the Social Exclusion of Disabled People', *Work Employment & Society* vol. 19, pp. 527–545.

Barnes, C. and G. Mercer (2010) *Exploring Disability: A Sociological Introduction*, 2nd ed. (Cambridge and Malden, MA: Polity).

Barnes, C., M. Oliver and L. Barton (eds) (2002) *Disability Studies Today* (Cambridge and Malden, MA: Polity).

Barlett, J., S. Black and M. Northen (eds) (2011) *Beauty is a Verb: The New Poetry of Disability* (El Paso, TX: Cinco Puntos).

Barthes, R. (1973) *Mythologies*, trans. A. Laver (St Albans: Paladin).

Bauman, H.-D. L., H. M. Rose and J. L. Nelson (eds) (2006) *Signing the Body Poetic: Essays on American Sign Language Literature* (Berkeley, CA: University of California Press).

Ben-Moshea, L. and J. J. W. Powell (2007) 'Sign of Our Times? Revis(it)ing the International Symbol of Access', *Disability & Society* vol. 22, pp. 489–505.

Bennett, J. and T. Brown (eds) (2008) *Film and Television after DVD* (New York: Routledge).

Berlant, L. (2008) *The Female Complaint: The Unfinished Business of Sentimentality in American Culture* (Durham, NC: Duke University Press).

Blake, R. and J. Stevens (2004) *Adjusting the Picture: a Producer's Guide to Disability* (London: Disability Rights Commission, Employer's Forum on Disability, and Independent Television Network). Available at http://www.ofcom.org.uk/ static/archive/itc/uploads/Adjusting_the_Picture.pdf

Blanck, P. (2015) *eQuality: The Struggle for Web Accessibility by Persons with Cognitive Disabilities* (Cambridge: Cambridge University Press).

Blood, R. W., P. Putnis and J. Pirkis (2002) 'Mental-Illness News as Violence', *Australian Journal of Communication* vol. 29, pp. 59–82.

Blumberg, A. (2013) 'Miley Cyrus Backup Dancer, Hollis Jane, Speaks Out Against "Degrading" VMA Performance,' *Huffington Post*, 10 November 2013. Available at http://www.huffingtonpost.com/2013/10/11/miley-cyrus-backup-dancer_n_4085057.html

Bobbit, R. (2010) *Us against Them: The Political Culture of Talk Radio* (Plymouth: Lexington).

Bogdan, R. (1990) *Freak show: Presenting Human Oddities for Amusement and Profit* (Chicago, IL: University of Chicago Press).

Bolt, D. (ed.) (2014) *Changing Social Attitudes Toward Disability: Perspectives from Historical, Cultural, and Educational Studies* (New York: Routledge).

Boltanski, L. (1999) *Distant Suffering: Morality, Media and Politics*, trans. G. Burchell (Cambridge: Cambridge University Press).

Bosse, I. (2006) *Behinderung im Fernsehen* (Wiesbaden: Deutscher Universitäts-Verlag).

De Botton, A. (2014) *The News: A User Manual* (London: Penguin).

Boudreu, D. (2012) 'Social Media Accessibility: Where are We Today?', Presentation to CSUN 2012, San Diego, 1 March. Available at http://www.slideshare.net/AccessibiliteWeb/20120301-web041socialmedia

Boyd-Barrett, O. (ed.) (2010) *News Agencies in the Turbulent Era of the Internet* (Barcelona: Generalitat de Catalunya).

Boyd-Barrett, O. and T. Rantanen (eds) (1998) *The Globalization of News* (London and Thousand Oaks, CA: Sage).

Boyle, R. and R. Haynes (2009) *Power Play: Sport, The Media and Popular Culture* (Edinburgh: Edinburgh University Press).

Breeden, L. (2012) 'Transformative Occupation in Practice: Changing Media Images and Lives of People with Disabilities,' *Occupation, Participation and Health* vol. 32, pp. S15–S24.

Briggs, C. (2013) 'OMG at the MTV VMA's!' *Stay at Home Mum*, 8 September. Available at http://www.stayathomemum.com.au/my-kids/omg-at-the-mtv-vmas/

Brisenden, S. (1986) 'Independent Living and the Medical Model of Disability', *Disability, Handicap & Society* vol.1, no. 2, pp. 173–178.

Brooks, D., M. Campbell, M. Connolly, N. Heyer and N. Fintham (2012) *Creative Skillset Employment Census of the Creative Media Industries* (London: Creative Skillset). Available at http://courses.creativeskillset.org/assets/0000/2819/Census_report_6.pdf.

Brueggemann, B. (2007) 'On (Almost) Passing,' *College English* vol. 59, pp. 647–660.

Bruns, A. and J. Jacobs (eds) (2006) *Uses of Blogs* (New York: Peter Lang).

Brunsdon, C. and D. Morley (1978) *Everyday Television: Nationwide* (London: BFI).

Buchanan, R. (1999) 'The Silent Worker and the Building of a Deaf Community, 1890–1929', in J. V. Van Cleve (ed.), *Deaf History Unveiled: Interpretations from the New Scholarship* (Washington, DC: Gaulladet University Press), pp. 172–197.

Butler, P., M. Taylor and J. Ball (2013) 'Welfare Cuts will Cost Disabled People £28bn Over 5 years', *Guardian*, 27 March, http://www.theguardian.com/society/2013/mar/27/welfare-cuts-disabled-people

Burns, S. (2010) 'Words Matter: Journalists, Educators, Media Guidelines and Representation of Disability', *Asia Pacific Media Educator* vol. 20, pp. 277–284.

Butson, T. (2009) 'Fearnley Fury at Wheelchair Humiliation in Airport', *The Age* (Melbourne), 24 November. Available at http://www.theage.com.au/travel/travel-news/fearnley-fury-at-wheelchair-humiliation-in-airport-20091124-j99a.html

Cahill, M. (2009) 'A Wake-Up Call For Twitter', *New Matilda*, 1 December. Available at https://newmatilda.com/2009/12/01/wake-call-twitter

Cahill, M. and S. Hollier (2009) *Social Media Accessibility Review – Version 1.0* (Sydney: *Media Access Australia*). Available at http://mediaaccess.org.au/sites/default/files/files/Social%20Media%20Accessibility%20Review%20v1_0.pdf

Campbell, F. (2009) *Contours of Ableism: The Production of Disability and Abledness* (London: Palgrave Macmillan).

Cavanagh, R., L. Krstic and N. Steele (2005) *The Presence, Portrayal and Participation of Persons with Disabilities on Television Programming: A Research Report Presented to the Canadian Association of Broadcasters* (Manotic, ON: Connectus). Available at http://www.cab-acr.ca/english/research/05/sub_sep1605_research.htm.

Chadwick, A. (2013) *The Hybrid Media System: Politics and Power* (Oxford: Oxford University Press).

Cheu, J. (ed.) (2013) *Diversity in Disney Films: Critical Essays on Race, Ethnicity, Gender, Sexuality and Disability* (Jefferson, NC: McFarland & Co).

Chivers, S. (2011) *The Silvering Screen: Old Age and Disability in Cinema* (Toronto, ON: University of Toronto Press).

Chivers, S. and N. Markotić (ed.) (2010) *The Problem Body: Projecting Disability on Film* (Columbus, OH: Ohio State University Press).

Clarke, M. J. (2012) *Transmedia Television: New Trends in Network Serial Production* (New York: Continuum).

Cole, J., J. Nolan, Y. Seko, K. Mancuso and A. Ospina (2011) 'GimpGirl Grows Up: Women with Disabilities Rethinking, Redefining, and Reclaiming Community', *New Media & Society* vol. 13, pp. 1161–1179.

Coleman, S. and K. Ross (2010) *The Media and the Public: 'Them' and 'Us' in Media Discourse* (Malden, MA and Chichester: Wiley).

Columna, L., K. Arndt, L. Lieberman and S. Yang (2009) 'Using Online Videos for Disability Awareness', *Journal of Physical Education, Recreation & Dance* vol. 80, pp. 19–24.

Corker, M. (1996) *Deaf Transitions: Images and Origins of Deaf Families, Deaf Communities, and Deaf Identities* (London: Jessica Kingsley)

Corker, M. (1998) *Deaf and Disabled or Deafness Disabled?: Towards a Human Rights Perspective* (Buckingham and Philadelphia, PA: Open University Press).

Corker, M. (2000) 'Disability Politics, Language Planning and Inclusive Social Policy', *Disability & Society* vol. 15, no. 3, pp. 445–462.

Corker, M. and T. Shakespeare (eds) (2002) *Disability/Postmodernity: Embodying Disability Theory* (London: Continuum).

Couch, A. (2013) 'How FX's "Legit" Became the Darling of the Disabled Community', *The Hollywood Reporter*, 22 March. Available at http://www.hollywoodreporter.com/live-feed/fxs-legit-jim-jefferies-embraced-430325

Couldry, N. (2002) 'Mediation and Alternative Media, or Relocating the Centre of Media and Communication Studies', *Media International Australia* no. 103, pp. 24–31.

Couldry, N., A. Hepp and F. Krotz. (eds) (2010) *Media Events in a Global Age* (New York: Routledge).

Creed, B. (2003) *Media Matrix: Sexing the New Reality* (Sydney: Allen & Unwin).

Crisell, A. (1994) *Understanding Radio* (London: Routledge).

Cumberbatch, G. and R. Negrine (1992) *Images of Disability on Television* (London: Routledge).

Curtin, M., J. Holt and K. Sanson (eds) (2014) *Distribution Revolution: Conversations about the Digital Future of Film and Television* (Oakland, CA: University of California Press).

Cyrus, M. (2013) 'MC & the Boos', *Twitter*, 8 September. Available at pic.twitter.com/QhnMVuE5JJ

Dakroury, A., M. Eid, Y. R. Kamalipour (eds) (2009) *The Right to Communicate: Historical Hopes, Global Debates and Future Premises* (Dubuque, IA: Kendall Hunt).

Dant, T. (2012) *Television and the Moral Imaginary: Society through the Small Screen* (Basingstoke: Palgrave Macmillan).

Darke, P. (2004) 'The Changing Face of Representations of Disability in the Media', in J. Swain, S. French and C. Barnes (eds) *Disabling Barriers, Enabling Environments* (London: Sage), pp. 100–105.

Darke, P. (1994) 'The Elephant Man: An Analysis from a Disabled Perspective', *Disability & Society* vol. 9, no. 3, pp. 327–342.

Darke, P. (1998) 'Understanding Cinematic Representation of Disability', in T. Shakespeare (ed.) *The Disability Reader: Social Science Perspectives* (London: Cassell), pp. 181–197.

Darke, P. (1999) *The Cinematic Construction of Physical Disability as Identified Through the Application of the Social Model of Disability to Six Indicative Films Made since 1970*, PhD thesis, University of Warwick. Available at http://www.outside-centre.com/darke/paulphd/content.htm

Davidson, J. (2008) 'Autistic Culture Online: Virtual Communication and Cultural Expression on the Spectrum', *Social & Cultural Geography* vol. 9, pp. 791–806.

Davidson, M. (2010) 'Phantom Limbs: Film Noir and the Disabled Body', in S. Chivers and N. Markotić (eds) *The Problem Body: Projecting Disability on Film* (Columbus, OH: Ohio State University Press), pp. 43–66.

Davis, L. J. (1995) *Enforcing Normalcy: Disability, Deafness, and the Body* (London: Verso).

Davis, L. J. (2000) *My Sense of Silence: Memoirs of a Childhood with Deafness* (Urbana and Chicago, IL: University of Illinois Press).

Davis, L. J. (ed.) (2013) *Disability Studies Reader*, 4th ed. (New York: Routledge)

Dayan, D. and E. Katz (1992) *Media Events: The Live Broadcasting of History* (Cambridge, MA: Harvard University Press).

Deuze, M. (2007) *Media Work* (Cambridge: Polity).

Deuze, M. (ed.) (2011) *Managing Media Work* (Thousand Oaks, CA: Sage).

Diedrich, L. (2005) 'Introduction: Genealogies of Disability', *Cultural Studies* vol. 19, no. 6, pp. 649–666.

Disability Arts Online (2004) 'Caroline Cardus: The Way', *Disability Arts Online*, 1 December. Available at http://www.disabilityartsonline.org.uk/way-ahead

Disability in Action (2014) 'Adriana Macias, A Story of Triumph over Disability', 21st January. Available at http://www.disabilityinaction.com/adriana-macias-a-story-of-triumph-over-disability.html

Downey, G. (2007) 'Constructing Closed-Captioning in the Public Interest: From Minority Media Accessibility to Mainstream Educational Technology', *Info* vol. 9, pp. 69–82.

Dowrick, P. W. and J. Skouge (2001) 'Creating Futures: Potential of Video Empowerment in Postsecondary Education', *Disability Studies Quarterly* vol. 21. Available at http://dsq-sds.org/article/view/255

Drake, S. (2003) 'Disabled Are Fearful: Who Will Be Next?' *LA Times*, 29 October. Available at http://articles.latimes.com/2003/oct/29/news/OE-DRAKE

Drake, S. (2010) 'Fifth Anniversary of Terri Schiavo's Death – A History Lesson', *Not Dead Yet*. Available at http://www.notdeadyet.org/2010/03/fifth-anniversary-of-terri-schiavos.html

Dries, K. (2013) 'Miley's Need to Shock Was the Least Shocking Thing About It.' *Jezebel*, 26 August. Available at http://jezebel.com/mileys-need-to-shock-was-the-least-shocking-thing-abou-1200886682

Effron, M. (ed.) (2011) *The Millennial Detective: Essays on Trends in Crime Fiction, Film and Television, 1990–2010* (Jefferson, NC: McFarland).

Ellcessor, E. (2012) 'Captions On, Off, on TV: Online Accessibility and Search Engine Optimization in Online Closed Captioning', *Television & New Media* vol. 13, no. 4, pp. 329–352.

Ellcessor, E. (2014) '<ALT="Textbooks">: Web Accessibility Myths as Negotiated Industrial Lore' *Critical Studies in Media Communication*, 28 May. DOI: 10.1080/15295036.2014.919660.

Ellis, K. (2008) *Disabling Diversity: The Social Construction of Disability in 1990s Australian National Cinema* (Saarbrücken: VDM-Verlag).

Ellis, K. (2010a) 'Dolls with Disabilities: Playing with Diversity', in N. Norris (ed.) *Unionist Popular Culture and Rolls of Honour in the North of Ireland During the First World War and Other Diverse Essays* (New York: The Edwin Mellen Press), pp. 81–97

Ellis, K. (2010b) 'A Purposeful Rebuilding: YouTube, Representation, Accessibility and the Socio-Political Space of Disability', *Telecommunications Journal of Australia* vol. 60, pp. 21.1–21.12.

Ellis, K. (2011) 'Embracing Learners with Disability: Web 2.0, Access and Insight', *Telecommunications Journal Australia* vol. 61, pp. 30.1–30.11.

Ellis, K. (2012a) 'Complicating a Rudimentary List of Characteristics: Communicating Disability with Down Syndrome Dolls', *M/C Journal* vol. 15, no. 5, http://journal.media-culture.org.au/index.php/mcjournal/article/viewArticle/544

Ellis, K. (2012b) 'It Means Inclusion: A Creative Approach to Disability and Telecommunications Policy in Australia', *Telecommunications Journal Australia* vol. 62, pp. 27.1–27.13.

Ellis, K. (2014) 'Digital Television Flexibility: A Survey of Australians with Disability', *Media International Australia Incorporating Culture and Policy* vol. 96, pp. 96–105.

Ellis, K. (2015) *Disability and Popular Culture: Focusing Passion, Creating Community and Expressing Defiance* (Farnham: Ashgate).

Ellis, K. and M. Kent (2011) *Disability and New Media* (New York: Routledge).

Entman, R. M. (1993) 'Framing: Toward Clarification of a Fractured Paradigm', *Journal of Communication* vol. 43, pp. 51–58.

Entman, R. M. (2007) 'Framing Bias: Media in the Distribution of Power', *Journal of Communication* vol. 57, pp. 163–173.

European Congress on Media and Disability (2003) *European Declaration on Media and Disability*, 14–16 June. Available at http://www.edf-feph.org/page_generale.asp?docid=14476

Finkelstein, V. (1980) *Attitudes and Disabled People: Issues for Discussion* (New York: World Rehabilitation Fund; reprinted London: Radar). Available at http://www.leeds.ac.uk/disability-studies/archiveuk/finkelstein/attitudes.pdf

Flora, G. (2003) 'Improving Media Access for the Hearing-Impaired in Romania and Hungary', in M. Sükösd and P. Bajomi-Lázár (eds) *Reinventing Media: Media Policy Reform in East-Central Europe* (Budapest: Central European University Press), pp. 239–258.

Forde, S. (2011) *Challenging the News: The Journalism of Alternative and Community Media* (Basingstoke: Palgrave Macmillan).

Forsham, B. (2012) *British Crime Film: Subverting the Social Order* (Basingstoke: Palgrave Macmillan).

Fraser, N. (1995) 'From Redistribution to Recognition? Dilemmas of Justice in a 'Post-Socialist' Age', *New Left Review* vol. 212, pp. 68–93.

Freeman, H. (2013) 'Miley Cyrus's Twerking Routine was Cultural Appropriation at its Worst', *Guardian*, 27 August. Available at http://www.theguardian.com/commentisfree/2013/aug/27/miley-cyrus-twerking-cultural-appropriation

Fulcher, G. (1989) *Disabling Policies?: A Comparative Approach to Education, Policy, and Disability* (London and New York: Falmer).

Fundación ONCE (2007) *Increasing and Improving Portrayal of People with Disabilities in the Media*. Available http://www.mediaanddisability.org/index.htm

Garland Thomson, R. (ed.) (1996) *Freakery: Cultural Spectacles of the Extraordinary Body* (New York: New York University Press).

Garland Thomson, R. (1997) *Extraordinary Bodies: Figuring Physical Disability in American Culture and Literature* (New York: Columbia University Press).

Garland Thomson, R. (2009) *Staring: How We Look* (Oxford: Oxford University Press).

Gartner, A. and T. Joe (eds) (1986) *Images of the Disabled, Disabling Images* (New York: Praeger).

Gerber, D. (1996) 'The "Careers" of People Exhibited in Freak Shows: The Problem of Volition and Valorization', in R. G. Thomson (ed.), *Freakery: The Cultural Spectacles of the Extraordinary Body* (New York: New York University Press), pp. 38–54.

Germeroth, K. and D. Shultz (1998) 'Should We Laugh or Should We Cry? John Callahan's Humor as a Tool to Change Societal Attitudes Toward Disability', *Howard Journal of Communications* vol. 9, pp. 229–244.

Gilbert, K. and O. J. Schantz (eds) (2008) *The Paralympic Games: Empowerment or Side Show?* (Maidenhead: Meyer & Meyer).

Gilman, G. (2013) 'Web Series "My Gimpy Life" Gets a Second Life Through Kickstarter', *The Wrap*, 13 June. Available at http://tv.yahoo.com/news/series-gimpy-life-gets-second-life-kickstarter-203245143.html.

Ginsburg, F. (2012) 'Disability in the Digital Age', in H. Horst and D. Miller (eds) *Digital Anthropology* (London: Berg), pp. 101–126.

Ginsburg, F. and R. Rapp (2013) 'Disability Worlds', *Annual Review of Anthropology* vol. 42, pp. 53–68.

GLAAD (Gay And Lesbian Alliance Against Defamation) (2010) *Where We Are on TV Report: 2010–2011 Season*. Available at http://www.glaad.org/publications/tvreport10.

GLAAD (2012) *Where We Are on TV: 2012–2013 Season*. Available at http://www.glaad.org/files/whereweareontv12.pdf.

Godley, D. (2011) *Disability Studies: An Interdisciplinary Introduction* (London and Thousand Oaks, CA: Sage).

Godley, D. (2014) *Dis/ability Studies: Theorising Disablism and Ableism* (New York: Routledge).

Godley, D., B. Hughes and L. Davis (eds) (2012) *Disability and Social Theory: New Developments and Directions* (Houndsmill: Palgrave Macmillan).

Goldman, E. (2012) 'Will the Floodgates Open Up for Americans with Disabilities Act (ADA) Claims Against Websites?–National Association of the Deaf v. Netflix', *Technology & Marketing Law Blog*, 26 June. Available at http://blog.ericgoldman.org/archives/2012/06/are_the_floodga.htm

Goggin, G. (2009) 'Disability and the Ethics of Listening', *Continuum* vol. 23, pp. 489–502.

Goggin, G. (2010) '"Laughing at/with the Disabled": The Cultural Politics of Disability in Australian Universities', *Discourse: Studies in the Cultural Politics of Education* vol. 31, pp. 469–481.

Goggin, G. (2015) 'Communication Rights and Disability Online: Policy and Technology after the World Summit on the Information Society (WSIS)', *Information, Communication & Society*, vol. 18, no. 3, pp. 327–341.

Goggin, G. and C. Newell (2000) 'Crippling Paralympics? Media, Disability and Olympism', *Media International Australia* vol. 97, pp. 71–83.

Goggin, G. and C. Newell (2003a) *Digital Disability: The Social Construction of Disability in New Media* (Lanham, MD: Rowman & Littlefield).

Goggin, G. and C. Newell (2003b) 'Imagining Diversity: Disability/Film' Proceedings of the Australian and New Zealand Communications Association

(ANZCA)', *Designing Communication for Diversity* conference, Queensland University of Technology, 9–11 July 2003. Available at http://www.anzca. net/documents/anzca-03-1/refereed-proceedings-7/345-imagining-diversity-disability-film-1.html

Goggin, G. and T. Noonan (2006) 'Blogging Disability: The Interface between New Cultural Movements and Internet Technology', in A. Bruns and J. Jacobs (eds) *Use of Blogs* (New York: Peter Lang), pp. 161–172.

Golfus, B. (2010) 'Billy Golfus, part 09 of 09: Making', *When Billy Broke His Head*, Available at http://www.youtube.com/watch?v=g2GRBHlXtEA

Goodley, D. (2011) *Disability Studies: An Interdisciplinary Introduction* (Los Angeles, CA: Sage).

Goodley, D. (2014) *Dis/ability Studies: Theorising Disablism and Ableism* (London: Routledge).

Goodley, D., B. Hughes and L. Davis (eds) (2012) *Disability and Social Theory: New Developments and Directions* (Basingstoke: Palgrave Macmillan).

Gratton, C., D. Liu, G. Ramchandani and D. Wilson (2012) *The Global Economics of Sport* (New York: Routledge).

Gray, D. (2012) 'Foreword', in D. Moody (ed.) *The Techniques & Etiquette of Community TV production* (Seattle, WA: Amazon Digital Services).

Gray, J. (2008) *Television Entertainment* (New York: Routledge).

Gray, J., J. P. Jones and E. Thompson (eds) (2009) *Satire TV: Politics and Comedy in the Post-Network Era* (New York: NYU Press).

Gregg, M. (2011) *Work's Intimacy* (Cambridge: Polity).

Gripsrud, J., H. Moe, A. Molander and G. Murdock (eds) (2010) *The Idea of the Public Sphere* (Lanham, MD: Lexington).

Hafferty, F. and S. Foster (1994) 'Decontextualizing Disability in the Crime Mystery Genre: The Case of the Invisible Handicap', *Disability & Society* vol. 9, pp. 185–206.

Hall, L (2012) 'Woman in Wheelchair loses Jetstar Appeal', *Sydney Morning Herald*, 23 August. Available at http://www.smh.com.au/travel/travel-news/woman-in-wheelchair-loses-jetstar-appeal-20120823-24ntj.html

Haller, B. (1993) 'The Little Papers Newspapers at 19th Century Schools for Deaf Persons', *Journalism History* vol. 19, no. 2, pp. 42–49.

Haller, B. (2010) *Representing Disability in an Ableist World: Essays on Mass Media* (Louisville, KY: Avocado Press).

Haller, B. and L. Zhang (2010) 'Highlights of 2010 Survey of People with Disabilities about Media Representations', *Media and Disability Resources*, 16 September. Available at http://media-and-disability.blogspot.com.au/2010/09/highlights-of-2010-survey-of-people.html

Harpe, W. (1997) 'Funding the Starters', in A. Pointon and C. Davies (eds) *Framed: Interrogating Disability in the Media* (London: British Film Institute), pp. 147–153.

Harrenstien, K. (2009) 'Automatic Captions in Google', *Google: Official Blog*, 19 November. Available at http://googleblog.blogspot.com.au/2009/11/automatic-captions-in-youtube.html

Hartley, J. (2010) *Digital Futures for Cultural and Media Studies* (New York: Wiley-Blackwell).

Haycraft, H. (1962) 'Books for the Blind: A Postscript and Appreciation', *ALA Bulletin* vol. 56, pp. 795–802.

Hepp, A. (2013) *Cultures of Mediatization* (Cambridge and Malden, MA: Polity).

Hepp, A. and F. Krotz (eds) (2014) *Mediatized Worlds: Culture and Society in a Media Age* (Houndsmill: Palgrave Macmillan).

Henley, L. (2012) 'How Audio-Described TV has Changed My World', *Australian Human Rights Commission*, Available at http://www.humanrights.gov.au/how-audio-described-tv-has-changed-my-world

Hevey, D. (1997) 'Controlling Interests', in A. Pointon and C. Davies (eds) *Framed: Interrogating Disability in the Media* (London: British Film Institute), pp. 209–213.

Hillyer, B. (1993) *Feminism and Disability* (Norman, OK: University of Oklahoma Press).

Hoffman, J. and A. Dakroury (2013) 'Disability Rights between Legal Discourses and Policy Narratives: An Analysis of the European and Canadian Frameworks', *Disability Studies Quarterly* vol. 33, no. 3, http://dsq-sds.org/article/view/1778/3260.

Hollier, S. (2012) *Sociability: Social Media for People with a Disability* (Sydney: Media Access Australia). Available at http://mediaaccess.org.au/online-media/social-media

Hollier, S. (2013) 'Facebook Accessibility: A Year of Progress', Media Access Australia, 9 September. Available at http://mediaaccess.org.au/latest_news/general/facebook-accessibility-a-year-of-progress

Hollywood Life (2013) 'Miley Cyrus Slaps a Twerking Dwarf', *Hollywood Life*, 9 September. Available at https://www.youtube.com/watch?v=wjWmShKSh6M

Holt, J. and K. Sanson (eds) (2014) *Connected Viewing: Selling, Streaming, & Sharing Media in the Digital Age* (London: Routledge).

Honneth, A. (2001) 'Recognition or Redistribution? Changing Perspectives on the Moral Order of Society', *Theory, Culture & Society* vol. 18, pp. 43–55.

Horin, A. (2012) 'Advocate to Appeal Decision on Wheelchair', *Sydney Morning Herald*, 18 January, Available at http://www.smh.com.au/nsw/advocate-to-appeal-decision-on-wheelchair-20120117-1q4sk.html#ixzz2KvfZxiU5

Howe, P. D. (2008) 'From Inside the Newsroom: Paralympic Media and the "Production" of Elite Disability', *International Review for the Sociology of Sport* vol. 43, no. 2, pp. 135–150.

Howley, K. (2010) *Understanding Community Media* (Los Angeles, CA: Sage).

Hutchins, B. and D. Rowe (eds) (2012) *Sport Beyond Television: The Internet, Digital Media and the Rise of Networked Media Sport* (New York: Routledge).

Hutchins, B. and D. Rowe (2013) *Digital Media Sport: Technology, Power and Culture in the Network Society* (New York: Routledge).

Ingstad, B. and S. R. Whyte (eds) (1995) *Disability and Culture* (Berkeley and Los Angeles, CA: University of California Press).

Inimah, G. M., E. Mukulu and P. Mathooko (2012) 'Literature Review on Media Portrayal of People with Disabilities in Kenya', *International Journal of Humanities and Social Science* vol. 2, pp. 223–228.

Institute for the Humanities (2012) 'Two-Day Workshop on Disability and Cross-Sensory Translation', Institute for the Humanities, University of Michigan, Ann Arbor, Michigan, 24 October.

International Labour Organization (ILO) (2010) *Media Guidelines for the Portrayal of Disability* (Geneva: ILO).

International Organization For Standardization (ISO) (2007) 'Signs of the Times – ISO Standard for Universally Understood Public Information Symbols' Available at http://www.iso.org/iso/home/news_index/news_archive/news.htm?refid=Ref1097

International Organization For Standardization (ISO) (2013) *ISO 7001: 2007 Graphical Symbols – Public Information Symbols* (Geneva: ISO)

Ireland, J. (2014) 'Thousands to Lose Disability Support Pension Under Changes Flagged by Government', *Sydney Morning Herald*, 29 June. Available at http://www.smh.com.au/federal-politics/thousands-to-lose-disability-support-pension-under-changes-flagged-by-government-20140629-zspt7.html

Jaeger, P. (2012) *Disability and the Internet: Confronting a Digital Divide* (Boulder, CO and London: Lynne Rienner Publishers).

Jane, H. (2013) 'On Being a Little Person', *A Bunch of Dumb Show* Blog, 9 October. Available at: http://holliseum.wordpress.com/2013/10/09/on-being-a-little-person/

Jansen, S. C., J. Pooley and L. Taub-Pervizpour (eds) (2013) *Media and Social Justice* (New York: Palgrave Macmillan).

Jenkins, H. (2006) *Convergence Culture: Where Old and New Media Collide* (New York: New York University Press)

Jensen, K. B. (ed.) (1998) *News of the World: World Cultures Look at Television News* (London: Routledge).

Joehl, S. (2011) 'A Personal Response to Reed Hastings, Co-Founder & CEO of Netflix', *Accessibility On Demand*, 22 September. Available at https://www.ssbbartgroup.com/blog/2011/09/22/a-personal-response-to-reed-hastings-co-founder-ceo-of-netflix/

Jones, C. (2012) 'Disabled Gulf War Veteran Loses 100 pounds to Prove Doctors Wrong and Walk Again', *Mandatory* 4 May. Available at http://www.mandatory.com/2012/05/04/arthur-boorman-disabled-gulf-war-veteran-loses-100-pounds-prov/

Jones, M. and V. Wass (2013) 'Understanding Disability-Related Employment Gaps in Britain 1998–2011', *Work Employment & Society* vol. 27, pp. 982–1003.

Kama, A. (2004) 'Supercrips Versus the Pitiful Handicapped: Reception of Disabling Images by Disabled Audience Members,' *Communications: The European Journal of Communication Research* vol. 29, pp. 447–466.

Kent, M. and K. Ellis (2013) 'People with Disability and New Disaster Communications: Access and the Social Media Mash-up', *Paper Presented to Global*

*Networks – Global Divides: Bringing Traditional and New Communications Challenges*, Australian and New Zealand Communication Association (ANZCA) conference, 3–5 July, 2013, Fremantle, Western Australia.

King, D. L. and C. Mele (1999) 'Making Public Access Television: Community, Participation, Media Literacy and the Public Sphere', *Journal of Broadcasting and Electronic Media* vol. 43, pp. 603–623.

Kingett, R. (2014) 'The Accessible Netflix Project Advocates Taking Steps to Ensure Netflix Accessibility for Everyone', *The Accessible Netflix Project*, 26 February. Available at http://netflixproject.wordpress.com/.

Kirkpatrick, B. (2012) '"A Blessed Boon": Radio, Disability, Governmentality, and the Discourse of the "Shut-In", 1920–1930', *Critical Studies in Media Communication* vol. 29, no. 3, pp. 165–184.

Klobas, E. (1988) *Disability Drama in Television and Film* (London: McFarland).

Knox, D. (2009) 'Kristian Schmid on Rafters', 26 August *TV Tonight*, 26 August. Available at http://www.tvtonight.com.au/2009/08/kristian-schmid-on-rafters.html.

Koepsell, D. R. and R. Arp (eds) (2012) *Breaking Bad and Philosophy* (Chicago: Open Court).

Korra (2013) 'Dear Miley, Keep Your Fucking Hands to Yourself,' *GroupThink*, 26 August. Available at http://groupthink.jezebel.com/dear-miley-keep-your-fucking-hands-to-yourself-1201998015.

Kraidy, M. and P. D. Murphy (eds) (2003) *Global Media Studies: An Ethnographic Perspective* (New York: Routledge).

Kubitschke, L., K. Cullen, C. Dolphi, S. Laurin and A. Cederbom (2013) 'Study on Assessing and Promoting E-Accessibility', *European Commission*, Available at http://ec.europa.eu/digital-agenda/en/news/study-assessing-and-promoting-e-accessibility

Kudlick, C. and S. Schweik (2014) 'Collision and Collusion: Artists, Academics, and Activists in Dialogue with the University of California and Critical Disability Studies', *Disability Studies Quarterly* vol. 34, no. 2, http://dsq-sds.org/article/view/4251/3609.

Kuppers, P. (2003) *Disability and Contemporary Performance: Bodies on Edge* (New York: Routledge).

Kuppers, P. (2011) *Disability Culture and Community Performance: Find a Strange and Twisted Shape* (London: Palgrave Macmillan).

Kuppers, P. (2015) *Studying Disability Arts and Culture* (London: Palgrave Macmillan).

Kuusisto, S. (2007) 'A Roundtable on Disability Blogging: Introduction', *Disability Studies Quarterly* vol. 27, no. 1–2, http://www.dsq-sds.org/article/view/1/1.

Ladd, P. (2007) 'Signs of Change: Sign Language and Televisual Media', in M. Cormack and N. Hourigan (eds) *Minority Language Media: Concepts, Critiques and Case Studies* (Clevedon: Multilingual Matters), pp. 248–265.

Lavery, D. (2010) *The Essential Cult TV Reader* (Lexington, KY: University Press of Kentucky).

Law, J. (2014) 'Chronic Diseases that Could be Stamped out Through the Medical Research Future Fund Proposed in Federal Budget 2014', *News.com.au*, 22 May. Available at http://www.news.com.au/lifestyle/health/chronic-diseases-that-could-be-stamped-out-through-the-medical-research-future-fund-proposed-in-federal-budget-2014/

Lazarus, E. (2005) 'Why Congress didn't Help Terri Schiavo's Parents', *CNN.Com*, 31 March. Available at http://edition.cnn.com/2005/LAW/03/31/lazarus.schiavo/index.html?iref=allsearch.

Lebesco, K. (2006) 'Disability, Gender and Difference on The Sopranos', *Women's Studies in Communication* vol. 29, pp. 39–59.

Lefever, K. (2012) *New Media and Sport: International Legal Aspects* (Dordrecht: Springer).

Legg, D. and R. Steadward (2011) 'The Paralympic Games and 60 Years of Change (1948–2008): Unification and Restructuring from a Disability and Medical Model to Sport-Based Competition', *Sports in Society* vol. 14, no. 11, 1099–1115.

Levy, A. (2009) 'The Boy who Never Gave Up: Inspirational Story of How Paralysed Rugby Player Overcame his Disabilities to Win Job at Top Legal Firm,' *Mail Online*, 2 December. Available at http://www.dailymail.co.uk/news/article-1232501/

Lin, J. (2013) 'Farsighted Engineer Invents Bionic Eye to Help the Blind', *UCLA Today*, 21 March. Available at http://today.ucla.edu/portal/ut/wentai-liu-artificial-retina-244393.aspx

Linder, L. R. (1999) *Public Access Television: America's Electronic Soapbox* (Westport, CT: London, Praeger).

Livingstone, S. (1998) 'Audience Research at the Crossroads: The "Implied Audience" in Media and Cultural Theory', *European Journal of Cultural Studies* vol. 1, pp. 193–217.

Livingstone, S. (2009) 'On the Mediation of Everything: ICA Presidential Address 2008', *Journal of Communication* vol. 59, pp. 1–18.

Logan, E. (2013) 'Unacceptability and Prosaic Life in *Breaking Bad*', in J. Potts and J. Scannell (eds) *The Unacceptable* (London and New York: Palgrave Macmillan), pp.156–167.

Longmore, P. (2003) *Why I Burned My Book: and Other Essays on Disability* (Philadelphia, PA: Temple University Press).

Lotz, A. D. (2007) *The Television will be Revolutionized* (New York: New York University Press).

Lubet, A. (2011) *Music, Disability, and Society* (Philadelphia, PA: Temple University Press).

Luther, C. A., C. R. Lepre and N. Clark (2011) *Diversity in U.S. Mass Media* (Chichester, West Sussex: Wiley-Blackwell).

MacBride Commission (1980) *Many Voices, One World: Towards a New, More Just, and More Efficient World Information and Communication Order* (London: Kogan Page).

Macdonald, S. J. and J. Clayton (2012) 'Back to the Future, Disability and the Digital Divide', *Disability & Society* vol. 28, pp. 702–718.

Mackenzie, D. A. and J. Wajcman (1985) *The Social Shaping of Technology: How the Refrigerator Got its Hum* (Milton Keynes and Philadelphia, PA: Open University Press).

Marc, D. (1984) *Demographic Vistas: Television in American Culture* (Philadelphia, PA: University of Pennsylvania Press).

Marr, M. J. (2013) *The Politics of Age and Disability in Contemporary Spanish Film: Plus Ultra Pluralism* (New York: Routledge).

Mckay, A. (2007) *The Official Petition for a More Accessible Facebook,* Available at https://www.facebook.com/groups/2384051749/.

Mckeown, S. and P. Darke (2013) 'Are They Laughing at Us or With Us? Disability in Fox's Animated Series Family Guy', in M. E. Mojk (ed.) *Different Bodies: Essays on Disability in Film and Television* (Jefferson, NC: McFarland), pp. 155–164.

McRuer, R. (2006) *Crip Theory: Cultural Signs of Queerness and Disability* (New York: New York University Press).

Mcruer, R. and A. Mollow (eds) (2012) *Sex and Disability* (Durham, NC: Duke University Press).

Miss Iowa Program (2013) 'Meet Miss Iowa 2013'. Available at http://www.missiowa.com/index.php?option=com_content&view=article&id=176&Itemid=558

Metcalf, G. (2012) *The DVD Novel: How the Way We Watch Television Changed the Television We Watch* (Santa Barbara, CA: Praeger).

Miller, T., G. A. Lawrence, J. Mckay and D. Rowe (2001) *Globalization and Sport: Playing the World* (London: Sage).

Mills, M. (2011a) 'Deafening: Noise and the Engineering of Communication in the Telephone System', *Grey Room* vol. 43, pp. 118–143.

Mills, M. (2011b) 'Do Signals Have Politics? Inscribing Abilities in Cochlear Implants', in T. Pinch and K. Bijsterveld (eds) *The Oxford Handbook of Sound Studies* (Oxford: Oxford University Press), pp. 320–346.

Mills, M. (2011c) 'Hearing Aids and the History of Electronics Miniaturization', *IEEE Annals of the History of Computing* vol. 33, no. 2 (April-June), pp. 24–45.

Mills, M. (2013) 'The Co-Construction of Blindness and Reading', in Ulrike Bergermann (ed.) *Disability Trouble* (Berlin: b_books, 2013), pp. 195–204.

Misener, L. (2013) 'A Media Frames Analysis of the Legacy Discourse for the 2010 Winter Paralympic Games', *Communication & Sport* vol. 1, vol. 4, pp. 342–364.

Mitchell, D. and S. Snyder (eds) (1997) *The Body and Physical Difference: Discourses of Disability* (Ann Arbor, MI: University of Michigan Press).

Mitchell, D. and S. Snyder (2000) *Narrative Prosthesis: Disability and the Dependencies of Discourse* (Ann Arbor, MI: University of Michigan Press).

Mittle, J. (2009) 'Lost in a Great Story: Evaluation in Narrative Television (and Television Studies)', in R. Pearson (ed.) *Reading Lost* (New York: I.B. Tauris), pp. 119–138.

Mojk, M. E. (ed.) (2013) *Different Bodies: Essays on Disability in Film and Television* (Jefferson, NC: McFarland).

MTV (2013) 'Miley Dances With Twerking Dwarf In New Performance', *MTV UK*, 9 September. Available at http://www.mtv.co.uk/news/miley-cyrus/390470-miley-cyrus-twerking-dwarf-performance-snl-host-wrecking-ball-video

Mullin, J. (2012) 'Netflix Settles with Deaf-Rights Group, Agrees to Caption All Videos by 2014', *Arstechnica*, 11 October. Available at http://arstechnica.com/tech-policy/2012/10/netflix-settles-with-deaf-rights-group-agrees-to-caption-all-videos-by-2014/

Müller, F., M. Klijn and L. Van Zoonen (2012) 'Disability, Prejudice and Reality TV: Challenging Disablism through Media Representations', *Telecommunications Journal of Australia* vol. 62, pp. 28.1–28.13.

Morley, D. (2009) 'For a Materialist, Non-Media-Centric Media Studies', *Television & New Media* vol. 10, pp. 114–116.

Moser, I. (2000) 'Against Normalization: Subverting Norms of Ability and Disability', *Science as Culture* vol. 9, no. 2, pp. 201–240.

Moser, I. (2006) 'Disability and the Promises of Technology: Technology, Subjectivity and Embodiment within an Order of the Normal', *Information, Communication & Society* vol. 9, no. 3, pp. 373–395.

Moser, I. and J. Law (2003) 'Making Voices: New Media Technologies, Disabilities, and Articulation', in G. Liestøl, A. Morrison and T. Rasmussen (eds) *Digital Media Revisited: Theoretical and Conceptual Innovation in Digital Domains* (Cambridge, MA & London: MIT Press), pp. 491–520.

*My Gimpy Life* (2012) 'My Gimpy Announcement!', *YouTube*, 1 February. Available at http://www.youtube.com/watch?v=geucOwiVo0I

Nelson, J. A. (ed.) (1994) *The Disabled, The Media, and The Information Age* (Westport, CT: Greenwood).

Nelson, J. (2000) 'The Media Role in Building the Disability Community', *Journal of Mass Media Ethics* vol. 15, pp. 180–193.

*News.com.au* (2013) 'Miley Cyrus Spanks Twerking Dwarf on German TV Show *Schlagg Den Raab*', *News.com.au*, 10 September 2013. Available at http://www.news.com.au/entertainment/celebrity-life/miley-cyrus-spanks-twerking-dwarf-on-german-tv-show-schlagg-den-raab/story-e6frfmqi-1226715711836

*New York Times* (1863) 'The Loving Lilliputians', *New York Times*, 11 February. Available at http://www.nytimes.com/1863/02/11/news/loving-lilliputians-warren-thumbiana-marriage-general-tom-thumb-queen-beauty-who.html?pagewanted=1

NinjaCate (2013) 'Solidarity is For Miley Cyrus: The Racial Implications of her VMA Performance', *GroupThink*, 26 August. Available at http://groupthink.jezebel.com/solidarity-is-for-miley-cyrus-1203666732.

Nomeland, M. M. and R. E. Nomeland (2012) *The Deaf Community in America: History in the Making* (Jefferson, NC: McFarland).

Noonan, M. (2012) 'Managing Manipulation: Tools and Challenges in Creative Collaborations with Intellectually-Disabled People', *Disability & Society* vol. 27, pp. 997–1009.

Norden, M. (1994) *The Cinema of Isolation: A History of Physical Disability in the Movies* (New Brunswick, NJ: Rutgers University Press).

Nye, P. W. (1964) 'Reading Aids for Blind People – A Survey of Progress with the Technological and Human Problems', *Medical Electronics & Biological Engineering* vol. 2, pp. 247–264.

O'Donnell, P., J. Lloyd and T. Dreher (2009) 'Listening, Pathbuilding and Continuations: A Research Agenda for the Analysis of Listening', *Continuum* vol. 23, pp. 423–439.

Ofcom (1998) *Training and Equal Opportunities in ITV, Channel 4, and Channel 5 – 1998* (London: Ofcom). Available at http://www.ofcom.org.uk/static/archive/itc/uploads/Training_&_Equal_Opportunities_in_ITV_Channel_4_and_Channel_51.doc

Ofcom (2011) *The Consumer Experience* (London: Ofcom).

Ofcom (2013) *Television Access Services: Final Report on 2013* (London: Ofcom). Available at http://stakeholders.ofcom.org.uk/market-data-research/market-data/tv-sector-data/tv-access-services-reports/access-services-report-2013/

Oliver, M. (1990) *The Politics of Disablement: A Sociological Approach* (New York: St Martin's Press).

Oliver, M. and C. Barnes (2012) *The New Politics of Disablement* (Basingstoke and New York, NY: Palgrave Macmillan).

Olson, K. (2007) 'Making Connections: Linkages Through Disability Blogging', *Disability Studies Quarterly* vol. 27, no. 1–2, http://www.dsq-sds.org/article/view/6/6.

Padovani, C. and A. Calabrese (eds) (2014) *Communication Rights and Social Justice: Historical Accounts of Transnational Mobilizations* (Basingstoke: Palgrave Macmillan).

Papachrissi, Z. (2010) *A Private Sphere: Democracy in a Digital Age* (Cambridge and Malden, MA, Polity).

Peck, B. and L. T. Kirkbride (2001) 'Why Businesses Don't Employ People with Disabilities', *Journal Vocational Rehabilitation* vol. 16, pp. 71–75.

Pedlow, R. (2008) 'How Will the Changeover to Digital Broadcasting in 2009 Influence the Accessibility of TV for Americans With Disabilities?', *Disability Studies Quarterly* vol. 28, no. 4. Available at http://dsq-sds.org/article/view/130/130

Peers, D. (2009) '(Dis)empowering Paralympic Histories: Absent Athletes and Disabling Discourses', *Disability & Society* vol. 24, no. 5, pp. 653–665.

Philo, G., J. Secker, S. Platt, L. Hendersen, G. Mclaughlin and J. Burnside (1994) 'The Impact of the Mass Media on Public Images of Mental Illness: Media Content and Audience Belief', *Health Education Journal* vol. 53, pp. 271–281.

Pointon, A. and C. Davies (eds) (1997) *Framed: Interrogating Disability in the Media* (London: British Film Institute).

Potter, T. and C. W. Marshall (eds) (2009) *The Wire: Urban Decay and American Television* (New York: Continuum).

Price, M. E. and D. Dayan (eds) (2008) *Owning the Olympics: Narratives of the New China* (Ann Arbor, MI: University of Michigan Press).

Raboy, M. and N. Landry (2005) *Civil Society, Communication and Global Governance: Issues from the World Summit on the Information Society* (New York: Peter Lang).

Rapp, R. and F. Ginsburg (2001) 'Enabling Disability: Renarrating Kinship, Reimagining Citizenship', *Public Culture* vol. 13, no. 3, pp. 533–556.

Raynor, O. and K. Hayward (2005) *The Employment of Performers With Disabilities in the Entertainment Industry*, California: National Arts and Disability Centre, and Screen Actors Guild. Available at http://www.sagaftra.org/files/sag/documents/ExecutiveSummary_PWDReport.pdf

Raynor, O. and K. Hayward (2009) 'Breaking into the Business: Experiences of Actors with Disabilities in the Entertainment Industry', *Journal of Research in Special Educational Needs* vol. 9, pp. 39–47.

RCA (1937) 'RCA Advertising: How the Blind "Read" with their Ears', *Life* 11 October, p. 5.

Rennie, E. (2006) *Community Media: A Global Introduction* (Lanham, MD: Rowman & Littlefield).

Riddell, S. and N. Watson (2003) 'Disability, Culture and Identity: An Introduction', in S. Riddell and N. Watson (eds) *Disability, Culture & Identity* (London: Routledge), pp. 1–18.

Riley, C. (2005) *Disability and the Media: Prescriptions for Change* (Lebanon, NH: University Press of New England).

Rizzo, C. (2013) 'Glee Project Star Ali Stroker on Artie's Love Life – Exclusive', *Wetpaint Glee,* Available at http://www.wetpaint.com/glee/articles/glee-project-star-ali-stroker-on-arties-love-life-exclusive

Roberts, P. (1997) 'Getting into Video', in A. Pointon and C. Davies (eds) *Framed: Interrogating Disability in the Media* (London: British Film Institute), pp. 144–146.

Robertson, J. (2013) 'Miley Cyrus Hires Dwarves to Recreate Controversial Twerking Performance at her 21st Birthday Party,' *Mirror.co.uk*, 25 November. Available at http://www.mirror.co.uk/3am/celebrity-news/video-miley-cyrus-twerking-dwarves-2850057

Rodan, D., K. Ellis and P. Lebeck (2014) *Disability, Obesity and Ageing: Popular Media Identifications* (Farnham: Ashgate).

Ross, K. (1997) 'But Where's Me in It? Disability, Broadcasting and the Audience', *Media Culture Society* vol. 19, pp. 669–677.

Rowe, D. (2012) *Global Media Sport: Forms, Flows and Futures* (New York: Bloomsbury).

Rubin, L. C. (ed.) (2012) *Mental Illness in Popular Media: Essays on the Representation of Disorders* (Jefferson, NC: McFarland).

Ryan, F. (2012) 'The Last Leg: Often Tasteless, Sometimes Awkward, Always Funny', *Guardian*, 5 September. Available at http://www.guardian.co.uk/tv-and-radio/tvandradioblog/2012/sep/05/the-last-leg-tasteless-awkward-funny.

Saito, S. and R. Ishiyama (2005) 'The Invisible Minority: Under-Representation of People with Disabilities in Prime-Time TV Dramas in Japan', *Disability & Society* vol. 20, pp. 437–451.

Sanchez, J. (2012) 'The ADA and the Internet', *Cato At Liberty*, 29 June. Available at http://www.cato.org/blog/ada-internet.

Sancho, J. (2003) *Disabling Prejudice? Attitudes Towards Disability and its Portrayal on Television, A report of research undertaken by the British Broadcasting Corporation, the Broadcasting Standards Commission and the Independent Television Commission.* Available at http://downloads.bbc.co.uk/guidelines/editorialguidelines/research/disabling-prejudice.pdf

Sandahl, C. and P. Auslander (2005) *Bodies in Commotion: Disability and Performance* (Ann Arbor, MI: University of Michigan Press).

Sapey, B. (2000) 'Disablement in the Information Age', *Disability & Society* vol. 15, pp. 619–637.

Sassen, S. (ed.) (2007) *Deciphering the Global: Its Scales, Spaces and Subjects* (New York: Routledge).

Scannell, P. (ed.) (1991) *Broadcast Talk* (London: Sage).

Schlesinger, P. (1985) 'From Public Service to Commodity: The Political Economy of Teletext in the UK', *Media, Culture & Society* vol. 7, pp. 471–485.

Schweik, S. (2012) Available at http://events.umich.edu/event/10429-1174116

Scorsese, M. (dir.) (2013) *The Wolf of Wall Street.*

Sepinwall, A. (2012) *The Revolution was Televised: The Cops, Crooks, Slingers and Slayers Who Changed TV Drama Forever* (Austin, TX: Touchstone).

Servaes, J. and N. Carpentier (eds.) (2006) *Towards a Sustainable European Information Society* (Bristol: Intellect).

Shakespeare, T. (1994) 'Cultural Representation of Disabled People: Dustbins for Disavowal?', *Disability & Society* vol. 9, pp. 283–299.

Shakespeare, T. (2006) *Disability Rights and Wrongs* (London and New York: Routledge).

Shakespeare, T. (2009) 'Not Just a Pretty Facebook', *Ouch!,* Available at http://www.bbc.co.uk/ouch/opinion/not_just_a_pretty_facebook.shtml

Shaw, M. (2010) ''The Specials' Shows Life with Special Needs, Especially Watchable', *Tube Filter*, 2 June. Available at http://www.tubefilter.com/2010/06/02/the-specials-shows-life-with-special-needs-especially-watchable/

Sherer, T. (2013) 'Kickstarter Projects: *My Gimpy Life* Season 2', *Kickstarter*, 15 June. Available at http://www.kickstarter.com/projects/1993187916/my-gimpy-life-season-two.

Sherry, M. (2013) 'Crip Politics? Just … No', *The Feminist Wire*, 23 November. Available at http://thefeministwire.com/2013/11/crip-politics-just-no/

Shildrick, M. (2009) *Dangerous Discourses of Disability, Subjectivity and Sexuality* (Basingstoke: Palgrave Macmillan).

Siebers, T. (2008) *Disability Theory* (Ann Arbor, MI: University of Michigan Press).

Siebers, T. (2010) *Disability Aesthetics* (Ann Arbor, MI: University of Michigan Press).

Silvers, A., D. Wasserman and M. B. Mahowald (1998) *Disability, Difference, Discrimination: Perspectives on Justice in Bioethics and Public Policy* (Lanham, MD: Rowman & Littlefield).

Silva, C. F. and P. D. Howe (2012) 'The (In)validity of *Supercrip* Representation of Paralympian Athletes', *Journal of Sport and Social Issues* vol. 36, pp. 174–194

Silverstone, R. (2004) *Television and Everyday Life* (London and New York: Routledge).

Silverstone, R. (2007) *Media and Morality: On the Rise of the Mediapolis* (Cambridge and Malden, MA: Polity).

Sinclair, S., G. Bramley, L. Dobbie and M. Gillespie (2007) *Social Inclusion and Communications: A Review of the Literature* (London: Ofcom). Available at http://www.communicationsconsumerpanel.org.uk/downloads/Research/LowIncomeConsumers_Research/Social%20inclusion%20and%20communications/Social%20inclusion%20and%20communications.pdf

Slater, J., J-I. Lindström and G. Astbrink (2010) *Broadband Solutions for Consumers with Disabilities* (Sydney: ACCAN).

Smart, G. (2013) 'Miley Cyrus Hard at Twerk Again...This Time with a Dwarf', *The Sun*, 14 September, http://www.thesun.co.uk/sol/homepage/showbiz/bizarre/5134046/miley-cyrus-twerks-with-dwarf-at-sony-gig.html

Smit, C. R. and A. Enns (eds) (2001) *Screening Disability: Essays on Cinema and Disability* (Lanham, MD: University Press of America).

Smith, A. (2012) *Hideous Progeny: Disability, Eugenics, and Classic Horror Cinema* (New York: Columbia University Press).

Snyder, S. L. and D. Mitchell (2006) *Cultural Locations of Disability* (Chicago, IL, University of Chicago Press).

Spacecrip (2012) '*Twin Peaks*: Manufacturing Quirkiness ...and Danger', *Space Crip*, 23 July. Available at http://spacecrip.wordpress.com/2012/07/23/twin-peaks-manufacturing-quirkiness-and-danger/.

Sparks, R. (1992) *Television and the Drama of Crime: Moral Tales and the Place of Crime in Public Life* (Buckingham and Philadelphia, PA: Open University Press).

Spence, E. H., A. Alexandra, A. Quinn and A. Dunn (2011) *Media, Markets, and Morals* (Malden, MA: John Wiley).

Springer, K. (2012) 'Watch: Disabled Veteran Does the Impossible', *Time*, 10 May. Available at http://newsfeed.time.com/2012/05/10/watch-disabled-veteran-does-the-impossible/

*State Journal* (2013) 'Franklin County Woman Accused of Taking $20,000 from Disabled Veterans', *The State Journal*, (Frankfort, KY), 16 August. Available at: http://www.state-journal.com/latest%20headlines/2013/08/16/franklin-county-woman-accused-of-taking-20-000-from-disabled-veteran

Sterne, J. and D. Mulvin (2014) 'The Low Acuity for Blue: Perceptual Technics and American Color Television', *Journal of Visual Culture* vol. 13, no. 2, pp. 118–138.

Straus, J. (2011) *Extraordinary Measures: Disability in Music* (Oxford: Oxford University Press).

Swain, J., S. French, C. Barnes and C. Thomas (eds) (2014) *Disabling Barriers – Enabling Environments*, 3rd edition (London and Los Angeles, CA: Sage).

Taylor, A. (2012) 'London 2012: The Opening Ceremony', *The Atlantic*, 28 July. Available at http://www.theatlantic.com/infocus/2012/07/london-2012-the-opening-ceremony/100343/

Taylor, C. (2003) *Modern Social Imaginaries* (Durham, NC: Duke University Press).

Tester, K. (2001) *Compassion, Morality and the Media* (Buckingham: Open University).

*The Glee Project Wiki* (2013) 'Blake Jenner'. Available at http://thegleeproject. wikia.com/wiki/Blake_Jenner

The Goldfish (2007) 'Blogging Brings More of Us to the Table', *Disability Studies Quarterly* vol. 27, pp. 1–2, http://www.dsq-sds.org/article/view/4/4.

Thomas, N. and A. Smith (2009) *Disability, Sport and Society: An Introduction* (London and New York: Routledge).

Thoreau, E. (2006) 'Ouch!: An Examination of the Self-Representation of Disabled People on the Internet', *Journal of Computer-Mediated Communication* vol. 11, http://jcmc.indiana.edu/vol11/issue2/thoreau.html.

Titchkovsky, T. (2011) *The Question of Access: Disability, Space, Meaning* (Toronto, ON: University of Toronto Press).

Tomlinson, A. and C. Young (eds) (2005) *National Identity and Global Sports Events: Culture, Politics, and Spectacle in the Olympics and the Football World Cup* (Albany, NY: State University of New York Press).

Townsend, P. (1966) 'Foreword', in P. Hunt (ed.) *Stigma: The Experience of Disability.* London: Geoffrey Chapman. Available at http://disability-studies.leeds.ac. uk/files/library/Hunt-Foreword.pdf

Tremain, S. (ed.) (2005) *Foucault and the Government of Disability* (Ann Arbor, MI: University of Michigan Press)

Turner, G. (2007) 'Some Things We Should Know About Talkback Radio', *Media International Australia* vol. 122, pp. 73–80.

Turner, G. (2009) *Ordinary People and the Media: The Demotic Turn* (London: Sage).

Turner, G. (2013) *Understanding Celebrity*, 2nd edition (London: Sage).

Tzanelli, R. (2013) *Olympic Ceremonialism and the Performance of National Character: From London 2012 to Rio 2016* (Basingstoke: Palgrave Macmillan).

Utray, F., M. de Castro, L. Moreno and B. E. Ruiz-Mezcua (2012) 'Monitoring Accessibility Services in Digital Television', *International Journal of Digital Multimedia Broadcasting* vol. 2012, Article ID 294219, 9 pages, 2012. doi:10.1155/2012/294219, http://dx.doi.org/10.1155/2012/294219.

Various (2013) '573 Responses to "On Being a Little Person," ' *A Bunch of Dumb Show* blog, 9 October. Available at http://holliseum.wordpress.com/2013/10/09/on-being-a-little-person/.

Vasey, S. (2004) 'Disability Culture: The Story So Far', in J. Swain, S. French and C. Barnes (eds) *Disabling Barriers, Enabling Environments* (London: Sage), pp. 106–110.

Visentin, L. (2014) 'Jetstar Business Model Leaves Jim Conway Stuck in Wheelchair', *Sydney Morning Herald*, 14 June, http://www.smh.com.au/nsw/

jetstar-business-model-leaves-jim-conway-stuck-in-wheelchair-20140614-zs7vr.html

Walker, A., A. Sinfield and C. Walker (eds) (2011) *Fighting Poverty, Inequality and Injustice: A Manifesto Inspired by Peter Townsend* (Bristol: The Policy Press).

Wark, K. (1994) *Virtual Geography: Living with Global Media Events* (Bloomington, IN: Indiana University Press).

Warren, N. and L. Manderson (eds) (2013) *Reframing Disability and Quality of Life: A Global Perspective* (Dordrecht: Springer).

Watson, N., A. Roulstone and C. Thomas (eds) (2012) *Routledge Handbook of Disability Studies* (New York: Routledge).

Watermeyer, B. (2012) *Towards a Contextual Psychology of Disablism* (London: Routledge).

Weber, I. and V. Evans (2002) 'Constructing the Meaning of Digital Television in Britain, the United States and Australia', *New Media & Society* vol.4, pp. 435–456.

Weissmann, E. (2012) *Transnational Television Drama* (Basingstoke: Palgrave Macmillan).

West, B. and S. Gandhi (2006) 'Reporting Abuse: A Study of the Perceptions of People with Disabilities (PWD) Regarding Abuse Directed at PWD', *Disability Studies Quarterly* vol. 26, http://dsq-sds.org/article/view/650/827.

Wilde, A. (2004) 'Are You Sitting Comfortably? Soap Operas, Disability and Audience?,' Available at http://disability-studies.leeds.ac.uk/files/library/wilde-Alison-Wilde-Dis-cover-2-Adapted-Paper.pdf

Wildman, S. (2013) 'An Open Letter to Netflix RE: Subtitles', *Nerdophiles*, 13 August. Available at http://nerdophiles.com/2013/08/13/an-open-letter-to-netflix-re-subtitles/

Williamson, K., D. Schauder and A. Bow (2000) 'Information Seeking by Blind and Sight Impaired Citizens: An Ecological Study', *Information Research* vol. 5, no. 4, http://informationr.net/ir/5-4/paper79.html.

Wilson, J. C. and C. Lewiecki-Wilson (eds) (2001) *Embodied Rhetorics: Disability in Language and Culture* (Carbondale, IL: Southern Illinois University Press).

Wiser, D. (2013) 'Fraudulent Disability Claims Threatening Social Security Program: $21b in False Disability Claims', *Fox News*, 27 June. Available at http://nation.foxnews.com/2013/06/27/report-21b-false-disability-claims-handed-out-annually

Wodak, R. and V. Koller (eds) (2008) *Handbook of Communication in the Public Sphere* (Berlin: Mouton de Gruyter).

Wolford, J. (2012) 'Netflix Will Caption All Streaming Videos by 2014, Per Settlement', *WebProNews/ Technology*, 11 October. Available at http://www.webpronews.com/netflix-will-caption-all-streaming-videos-by-2014-per-settlement-2012-10

Wollheim, P. (2007) 'The Erratic Front: YouTube and Representations of Mental Illness', *Afterimage*, September–October vol. 35, no. 2, pp. 21, 24–26.

Wood, L. (2012) 'Media Representation of Disabled People', website. Available at http://www.disabilityplanet.co.uk/index.html

World Health Organization (WHO) (2001) *International Classification of Functioning, Disability and Health* (Geneva: WHO).

World Health Organization (WHO) (2011) *World Report on Disability* (Geneva: WHO). Available at http://www.who.int/disabilities/world_report/2011/en/

Young, S. (2012) 'We're Not Here for Your Inspiration', *Ramp Up*, 2 July. Available at http://www.abc.net.au/rampup/articles/2012/07/02/3537035.htm

Druidshills 2005 (2013) 'Inspirational Disabled Children', *YouTube* playlist. Available at https://www.youtube.com/playlist?list=PL6F11030A584517FA

Zajicek, M. (2007) 'Keynote Address: Web 2.0: Hype or Happiness?' 16th International World Wide Web Conference, 7–8 May, Banff, Canada.

Zola, I. K. (1985) 'Depictions of Disability – Metaphor, Message, and Medium in the Media: A Research and Political Agenda', *The Social Science Journal* vol. 22, no. 4, pp. 5–17.

Zola, I. K. (1987) 'Any Distinguishing Features? The Portrayal of Disability in the Crime-Mystery Genre', *Policy Studies Journal* vol. 15, pp. 485–513.

Zola, I. K. (1989) 'Towards the Necessary Universalizing of a Disability Policy', *Milbank Quarterly* vol. 67, pp. 401–428.

# 장애와 미디어

1판1쇄 인쇄 2020년 4월 7일
1판1쇄 발행 2020년 4월 14일

**지은이** | 케이티 엘리스, 제라드 고긴
**옮긴이** | 우형진, 우충완
**펴낸이** | 한소원
**펴낸곳** | 우리나비

**등록** | 2013년 10월 25일(제387-2013-000056호)
**주소** | 경기도 부천시 원미구 원미로 18번길 11
**전화** | 070-8879-7093   **팩스** | 02-6455-0384
**이메일** | michel61@naver.com

ISBN 979-11-86843-53-6  93330
★ 책값은 뒤표지에 있습니다.

이 도서의 국립중앙도서관 출판예정도서목록(CIP)은 서지정보유통지원시스템
홈페이지(http://seoji.nl.go.kr)와 국가자료종합목록시스템(http://www.nl.go.kr/kolisnet)에서
이용하실 수 있습니다. (CIP제어번호: CIP2020012378)